Je nachdem, ob sich eine Kultur im Modus der Rede und Wechselrede, des Lesens und Schreibens oder des Bildens und Schauens versteht, wird sich ihre Haltung zu Zeit und Geschichte, zu Sinn und Moral sowie zu ihren Gottes- und Menschenbildern ausprägen. Dabei steht nicht in Frage, daß in allen Kulturen gesprochen und gebildet, in manchen auch geschrieben und gelesen wurde, sondern in welchem Ausmaß diese Tätigkeiten das Selbstverständnis der in ihr wirkenden Menschen formten. So gefragt, könnten mögliche Antworten trivial klingen. Ein näherer Blick wird aber zeigen, daß es bei diesen Antworten nicht um Vorlieben oder Stilfragen, sondern um das geht, was überhaupt »Selbstverständnis«, »Weltbezug«, »Denken«, ja sogar, was »Glauben« heißen kann.

Micha Brumlik, geboren 1947, ist Professor für Erziehungswissenschaft an der Universität Heidelberg. Zahlreiche Veröffentlichungen zu erziehungswissenschaftlichen, bildungs- und religionsphilosophischen Themen. Im Fischer Taschenbuch Verlag hat er 1993 zusammen mit Hauke Brunkhorst den Band *Gemeinschaft und Gerechtigkeit* herausgegeben.

Micha Brumlik

SCHRIFT, WORT UND IKONE

Wege aus dem Verbot der Bilder

Fischer Taschenbuch Verlag

Originalausgabe

Veröffentlicht im Fischer Taschenbuch Verlag GmbH
Frankfurt am Main, Oktober 1994

Gesamtherstellung: Clausen & Bosse, Leck
Printed in Germany
ISBN 3-596-12257-0

Gedruckt auf chlor- und säurefreiem Papier

Inhaltsverzeichnis

Vorbemerkung: Jüdisches Denken oder Denken des Judentums?

> Der Jude im Buch ist selbst Buch.
> Das Buch im Juden ist selbst jüdische Rede; denn das Buch ist für jenen weniger eine Bestätigung als vielmehr die Offenbarung seines Judentums.
> E. J.

In Kürze wird die abendländische Welt zweitausend Jahre ihrer Zeitrechnung hinter sich gebracht haben und damit auf einen Zeitraum zurückblicken, in dem nicht nur die von ihr geschaffene Zivilisation in der nationalsozialistischen Massenvernichtung moralisch zugrunde gegangen ist, sondern auch die von ihr gestifteten Weltdeutungen zur Disposition stehen. Vorstellungen einer kontinuierlich, heilsam oder unheilvoll verlaufenden Geschichte, eindeutiger Normen und eines minimalen Kanons von Werten; von Moral, Utopie und Geschichte; von Glaube, Liebe und Hoffnung, all dies ist von den Mühlen des historischen Prozesses kleingemahlen, zerstört und entwertet worden. Im Rückblick erst wird deutlich, welches die Züge einer geistigen Physiognomie gewesen sind, die sich – mißverständlich oder nicht – auf biblischem Monotheismus und hellenischer Bildungswelt gegründet hat. Große Entfernungen provozieren zur Prägnanz ebenso wie zur Oberflächlichkeit. Aus großer Ferne wird die Sicht flächiger, während das wenige, das noch sichtbar ist, an Kontur gewinnt. Die Versuchung, eine vielfältig gestaltete und geprägte Landschaft auf einige Landmarken und Strukturen zu reduzieren, wächst. Ob das so gewonnene Bild noch wesentlichen Bezug zu der Wirklichkeit, auf die es sich bezieht, hat, läßt sich erst abschließend beurteilen.

Der vorliegende Essay versucht zu zeigen, daß sich die abendländische Kultur: ihre Philosophie, ihre Ästhetik, ihre Religion, unter Bezug auf einige wenige, nicht direkt formale, aber auch nicht unmittelbar thematische Grundmotive konstituiert hat. Demnach sind wesentliche Vorentscheidungen durch je historisch bestimmte

Konstellationen zwischen jenen Elementen geprägt worden, die in einem formalen Sinn Kultur erst ermöglichen. Gibt man sich mit einem Begriff der Kultur als einem Ensemble symbolischer Artikulationen von Lebensweisen zufrieden, dann zeigt sich, daß die angesprochenen Modi der Artikulation durchaus begrenzt sind. Die Rede ist immer wieder von Gedanken, von Worten, von Taten und Bildern. Denken, Reden, Schreiben, das Lesen und Bilden erscheinen damit als jene basalen Handlungen, durch die Menschen sich ihrer kulturellen Tätigkeit erst als solcher bewußt werden. Die in diesem Buch vertretene These besagt, daß sich die entscheidenden Selbstdeutungen der abendländischen Kultur in unterschiedlichen Bezügen auf diese wesentlichen Tätigkeiten auslegen. Je nachdem, ob sich eine Kultur im Modus der Rede und Wechselrede, des Lesens und Schreibens oder des Bildens und Schauens versteht, wird sich ihre Haltung zu Zeit und Geschichte, zu Sinn und Moral sowie zu ihren Gottes- und Menschenbildern ausprägen. Dabei steht nicht in Frage, daß in allen Kulturen gesprochen und gebildet, in manchen auch geschrieben und gelesen wurde, sondern in welchem Ausmaß diese Tätigkeiten das Selbstverständnis der in ihr wirkenden Menschen formten. So gefragt, könnten mögliche Antworten trivial klingen. Ein näherer Blick wird aber zeigen, daß es bei diesen Antworten nicht nur um Vorlieben oder Stilfragen, sondern um das geht, was überhaupt »Selbstverständnis«, »Weltbezug«, »Denken«, ja sogar, was »Glauben« heißen kann.[1]

Diesen Fragen gehe ich in fünf Kapiteln nach, von denen sich das erste mit der spezifischen Form des jüdischen Monotheismus auseinandersetzt, während sich das zweite mit der Abbildbarkeit des Freiheit und Barmherzigkeit verbürgenden Gottes, also mit der Geschichte und Wirkungsgeschichte des alttestamentlichen Bilderverbots befaßt.

Im dritten Kapitel geht es um die Frage, ob die Freiheit verbürgende Ohnmacht Gottes im Tod seines Sohnes oder in der demokratischen Erörterung der Weisung angemessen verstanden wird. Dazu wird eine talmudische Erzählung analysiert. Stets geht es um das Verhältnis von Begriff und Bild bzw. von unterschiedlichen Bildern für einen ähnlichen Sachverhalt. In beiden Fällen zeichnet sich eine grundsätzliche Differenz ab: je nachdem, ob Gott über seine hinterlassene Schrift oder sein Fleisch gewordenes Wort verstanden wird, entscheidet sich, ob eine Kultur sich zu ihren Wahrheiten naiv oder reflektiert, im Glauben an Unmittelbarkeit oder im Wissen unvermeidbarer Vermittlung verhält. Medium und Prinzip dieser Vermittlung aber ist die Schrift.

Daß die Schrift als Prinzip der Vermittlung und Fixierung von Sinn mehr vorspiegelt, als sie bewahren kann, und Verläßlichkeit auch dort vortäuscht, wo sie ebenso fehlbar ist wie das gesprochene Wort, wurde ihr seit altersher vorgehalten. Daß darum jene, denen es um Wahrheit und Freiheit ging, auf das eigene Denken zurückgingen und die Wahrheit ihres Denkens gerade darin erkannten, daß es Unabhängigkeit sowohl von täuschenden Worten als auch von deutbaren Schriften verbürgte, war einer der Impulse der Philosophie seit ihren Anfängen. Darum setzt sich das vierte Kapitel mit dem philosophischen Glauben Baruch de Spinozas auseinander, der als einer der ersten kritischen Philologen der Bibel die Beziehungen zwischen eindeutigen göttlichen Gedanken, fehlerhafter bildlicher Rede und von Interessen verzerrten Texten in den Blick genommen hat. Die Wahrheit ist demnach als Gedanke wort- und schriftlos und kommt allenfalls im rechten Handeln zum Ausdruck. Aber kann sich das rechte Handeln alleine am richtigen Denken orientieren? Unterliegt nicht auch Spinoza – wie vor ihm schon Platon – einer Täuschung, wenn er ein Denken anpeilt, auf das er sich nur deshalb beziehen kann, weil es geschrieben vorliegt? Daß das Denken sich nicht selbst genügt, hat sich seit der Aufklärung und damit seit Spinoza herumgesprochen. Daß es sich in der Sprache nicht nur ausspricht, sondern im wesentlichen eine Verinnerlichung gemeinschaftlichen Sprechens sei, schien die Erkenntnis der sprachanalytischen Philosophie des zwanzigsten Jahrhunderts zu sein.

Daß das Sprechen, das gesprochene Wort es aber war, das jenen Schein der Unmittelbarkeit, auf die sich das Denken berief, erst provozierte, ist die These Jacques Derridas, der eine weitere Wende in der Philosophie einleitete und den »Primat« der Schriftlichkeit proklamierte. Derrida verdankt seine Einsichten ganz wesentlich Emmanuel Levinas, dem er das Programm zuschreibt, aus der Perspektive der hebräischen Rede die Selbstverständlichkeiten des griechisch gestimmten Philosophierens in Frage zu ziehen. Levinas' Zweifel am griechisch gestimmten Denken mündet im Auffinden eines ethischen Imperativs, der allem spekulativen Nachdenken vorausgeht, einem Imperativ, der sich aus der Lektüre jener Spuren ergibt, die das Antlitz des Anderen zeichnen. Die Schlüssigkeit nicht nur der Kritik an der Metaphysik, sondern auch der These von der Schriftlichkeit unserer Erfahrung hängt nicht zuletzt davon ab, ob Levinas' Überlegungen auch dort nachvollziehbar sind, wo der vorgängige Glaube an die von ihm propagierte Ethik fehlt. Darum versucht das letzte Kapitel, Levinas' Ethik als eine einsichtige Ethik mittelbarer Erfahrung zu entfalten. Diese Ethik beharrt auf Erfahrung, weil sie sonst nichts hätte, wovon sie handeln könnte, ohne doch zu verleugnen, daß ihr der Imperativ, wie sie zu handeln hat, nur als Zeichen von etwas anderem entgegentritt.

Die Bibel, der Talmud, Spinoza und Levinas im Widerstreit mit Platon, kirchlichen Theologen, naiven Dogmatikern und formalen Ethikern: in allen Fällen geht es um Motive, die einer Kultur der Schrift entsprungen sein könnten, einer Kultur, die dem, was gerne als »jüdisches Denken« bezeichnet wird, zugrunde liegt, aber in aller Regel übersehen wurde.

Das, was hier vorläufig als »jüdisches Denken« bezeichnet wird, hat im aphoristischen und schriftstellerischen Werk des 1912 im islamischen Ägypten geborenen Juden und ägyptisch-französischen Autors Edmond Jabès[1] einen unüberbietbaren Ausdruck gefunden. In diesem bisher zu wenig beachteten Werk finden sich – erstaunlich, unerwartet und unscheinbar – die Spuren einer negativen Theologie, auf die nicht nur dieser arg strapazierte Begriff auch zutrifft, sondern deren Gehalt Jabès über die üblich gewordenen Andeutungen hinaus tatsächlich darlegt. Daß diese Theologie nur noch die Gestalt von Aphorismen annehmen kann, wird dann nicht verwundern, wenn man Jabès' Aussage akzeptiert, daß »Gott« ohnehin ein sinn-, d. h. referenzloser Begriff ist.

Diesen in ihrer Prägnanz erratisch wirkenden Aphorismen ist in der Sache nichts hinzuzufügen – um so mehr ist der Frage nachzugehen, ob sich die Sache, um die es Jabès' geht, historisch begründen, systematisch entfalten und sachlich legitimieren läßt. Deshalb ist jedem der folgenden Kapitel ein Motto Jabès' vorangestellt. In seinen Aphorismen fordert er die Leser auf, vom Juden nicht mehr zu verlangen, als er billigen könne. »Dieses ›Mehr‹ ist seine Wunde.«[2] Wäre es denkbar, daß die Abneigung gegen Judentum und Juden zugleich Ausdruck einer tiefsitzenden Schriftvergessenheit ist und daß das »Mehr« die Forderung nach einer Anerkennung von Bild oder Gedanke ist?

»Es muß endlich erlaubt sein, das Verhältnis von Juden und Deutschen unbefangen zu untersuchen, unbefangen von rechten und linken Vorurteilen [...]. Zu dieser Unbefangenheit gehört aber auch, daß man nicht in alle Ewigkeit mit moralischem Zeigefinger auf die drohende Antisemitismusgefahr hinweist, sondern in einer Art Gegenbilanz danach fragt, was der Prosemitismus der Linken anrichtet. Denn die universal ausgerichtete Weltbürgerlichkeit, wie sie das heimatlose Judentum notgedrungen vertritt, hat auch ihre Kehrseite, die in der Auslöschung des jeweils Individuellen besteht.«[3] So äußerte sich 1984 ein Tübinger Publizist in einem Sammelband unter dem Titel *Zur Kritik der palavernden Aufklärung*. Sein Angriff galt einigen Positionen des Werkes von Adorno und Horkheimer, deren Denken er Apokalyptik und Messianismus ebenso wie die Behauptung vorhielt, geschichtliche Wahrheit und Vernunft der Theologie geopfert zu haben. Welcher Art war diese Theologie?

Als sich Theodor W. Adorno und Max Horkheimer 1944 in der »Dialektik der Aufklärung« zur Negativität kritischen Denkens und seinem Verhältnis zur Utopie äußerten, bezogen sie tatsächlich – wissentlich oder unwissentlich – in einer theologischen Debatte Stellung, die schon mehr als zweieinhalb Jahrtausende währte:

»... das Verbot, das Falsche als Gott anzurufen, das Endliche als das Unendliche, die Lüge als Wahrheit. Das Unterpfand der Rettung liegt in der Abwendung von allem Glauben, der sich ihr unterschiebt, die Erkenntnis in der Denunziation des Wahns. Gerettet wird das Recht des Bildes in der treuen Durchführung seines Verbots.«[4]

Kaum anders als jener Tübinger Publizist äußerte sich 1991, fünf Jahre nach dem Historikerstreit, der philosophierende Historiograph Ernst Nolte in einem Werk über das Geschichtsdenken im 20. Jahrhundert. Er fragt dort unverblümt, ob das schreckliche Ereignis des Zweiten Weltkriegs nicht in einem engen Zusammenhang mit dem Geschichtsdenken stehe, »ob hier nicht eine bestimmte Geschichtsphilosophie, die in der modernen Geschichte nur ›Auflösung‹ und ›Zersetzung‹ wahrnahm, eine andere Geschichtsphilosophie, diejenige des ›jüdischen Messianismus‹ gewaltsam aus der Welt zu schaffen versuchte«.[5]

Beinahe resignativ resümiert Nolte, daß man in metaphorischer Redeweise tatsächlich sagen könne, »der Jude« habe den Zweiten Weltkrieg gewonnen und die nationalsozialistische Untat gegenüber weithin hilflosen Menschenmassen sei das vergeblichste und sinnloseste Unterfangen der Weltgeschichte gewesen.

Mit diesen kulturantisemitischen Äußerungen ist die Mitte des Themas und seiner zentralen Schwierigkeit berührt: Läßt sich überhaupt ebenso unbefangen und sachlich von »jüdischem Denken« sprechen, wie man unbefangen und sachlich von der Gattung der »Italienischen Oper« bzw. von der »attischen Tragödie« spricht? Verfängt sich nicht jede Rede vom »jüdischen Denken« in den Fallstricken des Kulturantisemitismus, der dann – wie etwa Ernst Nolte – so heterogene Gestalten wie den Technikphilosophen und Politiker Walther Rathenau, den Denker des Utopischen Ernst Bloch, den Lebensphilosophen Henri Bergson, den Wissenssoziologen Karl Mannheim, den Begründer der Psychoanalyse Sigmund Freud, den kritischen Rationalisten Karl Popper, die existentiell denkende Praxisphilosophin Hannah Arendt, die Begründer der Kritischen Theorie Max Horkheimer und Theodor W. Adorno, den Dialogphilosophen und Linkszionisten Martin Buber, den Zivilisationstheoretiker Norbert Elias und den Denker globaler Verantwortung, Hans Jonas unter dem Begriff »Judentum« rubriziert? Dieses identifizierende Denken führt bei Nolte gerade angesichts des Eingeständnisses, ein wie antiutopischer Denker Hans Jonas doch war, zu der Bemerkung, daß sich gerade an dessen Beispiel ein anderer Grundtatbestand bestätige: »daß die nationale und religiöse Solidarität weitaus stärker war als das Empfinden klassenmäßiger Zusammengehörigkeit, und keineswegs nur bei Juden.« Zumal die generalisierende Abschwächung im zitierten Satz verweist auf die spezifische These, daß in letzter Instanz das Denken von Denkerinnen und Denkern, die aus jüdischem Hause stammten, denn doch der Selbsterhaltung des ethnischen Kollektivs diente. Mit dieser ethnozentrischen Perspektive ist aber die Beantwortung der sachlich interessierende Frage, ob es so etwas wie »jüdisches« Denken gibt, von Anfang an verspielt. In tautologischer Weise wird aus dem Umstand, daß ein Philosoph Jude gewesen sei, geschlossen, daß sein Denken jüdischen Selbstbehauptungsinteressen diene, womit die Frage nach einem spezifischen, benennbaren Inhalt dieses Denkens gerade verdeckt wird.

Dagegen sei die Behauptung aufgestellt, daß wir es mit jüdischen Denkern immer dann zu tun haben, wenn diese Denker und Denkerinnen in der Regel selbst Juden oder Jüdinnen waren; sie zudem zu ihrem Judentum in einem bewußten und reflektierten Verhältnis standen und sie schließlich in den Spuren eines Gedankens dachten, der sich folgendermaßen umschreiben läßt:

Das Denken des Judentums besteht in der Entfaltung des Glaubens an den einen, gestaltlosen und geschichtsmächtigen Gott, dessen Taten und Worte zum Buch wurden. Nach dieser vorläufigen Bestimmung wäre etwa Walter Benjamin mit seinen »Geschichtsphilosophischen Thesen« sehr wohl ein jüdischer Denker gewesen, obwohl und gerade weil er im Unterschied zu seinem Freund Gershom Scholem kein Zionist war, während die Heideggerschülerin Hannah Arendt, die eine Zionistin war und ein durchaus gelebtes Verhältnis zur jüdischen Tradition hatte, das prägnante Beispiel für eine Jüdin abgibt, deren aristotelisch-existentielles, aus der griechischen Philosophie gespeistes Denken sich soweit wie nur möglich vom Denken des Judentums entfernt hat. Diese These sei zunächst anhand zweier genealogischer Skizzen verdeutlicht.

I. Zwei Formen des Monotheismus

> Das Wort »Gott« hat weder eine Bedeutung noch mehrere. Es ist die Bedeutung: das Wagnis des Sinns und des Scheiterns. E. J.

Das abendländische Denken speist sich aus zwei Formen des Monotheismus. Das, was wir als »Philosophie« bezeichnen, geht auf den Monotheismus Platons zurück, während sich das, was hier als »jüdisches Denken« bezeichnet wird, aus dem Monotheismus des antiken Judentums speist. Beide Formen des Monotheismus sind zwischen dem achten und dem vierten Jahrhundert vor der Zeitrechnung einer Epoche, für die Karl Jaspers den Begriff »Achsenzeit« gefunden hat, und zwar in jenen Ländern und Gesellschaften, die der Soziologie Talcott Parsons als »Saatbeetgesellschaften« bezeichnet hat, entstanden. Beide Monotheismen zeichnen sich zunächst dadurch aus, daß sie extrem bilderfeindlich sind und auf Abstraktion zielen.

In der zweiten Hälfte des 7. Jahrhunderts vor der christlichen Zeitrechnung wirkte in Judäa König Josija, einer der wenigen Könige, denen die hochrealistischen und herrschaftskritischen Bücher der Könige und der Chronik nur Gutes nachsagen. Josija setzte fort, was judäische Könige und Propheten schon seit zwei Jahrhunderten immer wieder betrieben hatten: den Kampf gegen die auch von den Israeliten verehrten Götterbilder. Während dieses Prozesses, so berichtet die Bibel, ließ Josija den Tempel Salomos renovieren, als ein Priester das bis dahin als verschollen geglaubte *Buch der Gesetze Gottes* wiederauffand. Aus dessen Geist heraus wurde die israelitische Religion von Josija reformiert, später – in der babylonischen Diaspora – als strikter Monotheismus artikuliert, um zu Beginn des 4. Jahrhunderts von Esra und Nehemia als Judentum kodifiziert zu werden.

Wie fremdartig die Konzeption eines gestaltlosen, aber dennoch geschichtsmächtigen Gottes in der hellenistischen Antike wirken mußte, geht aus einer Bemerkung des zu Beginn des 3. vorchristlichen Jahrhunderts lebenden griechischen Autors Hekataios von Abdera hervor: »haben sie doch festgelegt, den Gott nicht menschengestaltig (anthropomorphon) sein zu lassen, sondern in ihm jenen zu sehen, der die ganze Erde und den ganzen Himmel umfaßt und der Herr von allem ist.«[6]

Diese Gottesvorstellung – die jüdische Gottesvorstellung – hat Hegel später als »Religion der Erhabenheit« bezeichnet: »Die eigentliche Erhabenheit müssen wir hingegen darin suchen, daß die gesamte erschaffene Welt überhaupt als endliche, beschränkt, nicht selbst haltend und tragend erscheint und aus diesem Grunde nur als verherrlichendes Beiwerk zum Preise Gottes angesehen werden kann.«[7]

Buchreligion, Bilderverbot und Religion der Erhabenheit stellen freilich – was Hegel noch nicht beachtet hat – unterschiedliche Facetten des gleichen Phänomens dar. Eine Religion des Buches setzt die Erfindung der Schrift ebenso voraus wie eine Kultur des Lesens. Dabei ist Schrift nicht gleich Schrift. Die zur Zeit Josijas bekannte und aller Wahrscheinlichkeit nach in Judäa verwendete Schrift war das hebräische Alphabet, das seinerseits auf dem im 17. Jahrhundert vor der Zeitrechnung erfundenen protokanaanitischen Alphabet beruhte, das aus 27 Zeichen bestand, die aus ursprünglichen Piktogrammen entwickelt wurden. Die protokanaanäische Schrift[8] ermöglichte im Unterschied zu den ursprünglichen Piktogrammen der babylonischen und den Hieroglyphen der ägyptischen Schrift[9] eine Notation der Worte und nicht nur eine Fixierung einzelner Begriffe, von Namen oder Assoziationsfeldern. Während sich Piktogramme und Hieroglyphen unmittelbar auf die Welt beziehen, beziehen sich alphabetische Schriften auf die Begriffe und Namen der gesprochenen Sprache, die »ursprünglich« die Dinge und Ereignisse der Welt bedeuten.

Mit der Entwicklung der Teile des Sprachflusses notierenden Alphabets ist das Medium Schrift mit der ganzen Kraft seiner kombinatorischen Möglichkeiten etabliert und hat sich seither – sieht man von den technischen Weiterungen des Buchdrucks sowie dessen mechanischen und elektronischen Fortentwicklungen ab – nicht mehr weiterentwickelt.

Andererseits hat sich die Schrift damit unauffällig ihres eigenen Bildcharakters, ihrer eigenen dinglichen Gestalt begeben und sich hinter die Mitteilungen des gesprochenen Wortes zurückgezogen. Daß mit der Präsentation der Bedeutung im gesprochenen Wort eine Weltsicht verbunden ist, die eine unmittelbare Gegebenheit des Mitgeteilten suggeriert und dabei auch noch den Zeichencharakter der Sprechsprache unterschlägt, war die wesentliche Einsicht Jacques Derridas.[10]

Derridas Kritik an einer »Metaphysik der Präsenz« öffnete die Sicht nicht nur auf den unabschließbaren Zeichencharakter allen Bedeutens in seinem Widerspiel von Zeichen und Bezeichnetem, zwischen Bedeutungsträgern und Bedeutung, sondern auch auf die Schriftlichkeit der Sprechsprache selbst. Der Hinweis auf die Schriftlichkeit der gesprochenen Sprache besagt nichts anderes, als daß auch hier eine Differenz – zwischen lautlich akustischen Bedeutungsträgern und intendierten Bedeutungen, waltet.[11] Und so wie die akustische Lautgestalt in aller Regel als Zeichen bzw. Teil eines Zeichens gilt, läßt sie sich auch als Bedeutung verstehen, wenngleich diese Bedeutungen dann auf kein bewußtes Subjekt mehr zurückgeführt werden können.

Mit der Erfindung und Durchsetzung des Alphabets wird demnach die ursprüngliche Schriftlichkeit der Sprache paradoxerweise verdeckt. Was in Piktogrammen, in Hieroglyphen, ja in der Onomatopoese noch aufschien, nämlich die Spannung von Zeichen und Bezeichnetem, von Welt und Bild, geht im Alphabet mit seinen scheinbar unbedeutenden, frei kombinierbaren Bedeutungsträgern verloren.

Dieser Befund – daß die alphabetische Schrift die Schriftlichkeit der Sprache zum Verschwinden gebracht hat – würde Derridas Kritik an einer Metaphysik der Präsenz zwar um eine Variante bereichern, jedoch in religionshistorischen, theologischen und religionsphilosophischer Hinsicht zu einem merkwürdigen Ergebnis führen. Die alphabetische Notation sprachlicher Bedeutungen und damit – in der Tradition der Hebräischen Bibel – auch jener Bedeutung, die als »Gott« erfahren wird, führt dazu, daß der im Rahmen eines Buches bekannte Gott als unmittelbar habhafte, präsente und gegenwärtige Größe geglaubt würde. Angesichts dieses Befundes muß es erstaunen, daß die Hebräische Bibel in einer ihrer Spitzenaussagen, nämlich in Ex. 3,14 Gott seinen Namen als »Ich werde sein, der ich sein werde« ausweisen läßt. Darüber hinaus konstatiert dieser Gott in Ex. 33,23–38, daß lebende Menschen seiner nicht ansichtig werden können bzw. allenfalls seine Rückseite wahrnehmen dürfen. Der sich so je und je seiner Vorstellung entziehende Gott, dessen Verborgenheit und Präsenz im Bild – d. h. in Piktogramm oder Hieroglyphe – seiner abstrakten Prozessualität wegen gar nicht darstellbar ist –, konnte nur im Rahmen einer die Sprechsprache notierenden Schrift bekannt werden. Damit entsteht die Frage, ob diese bekannt gewordene Gottesgestalt sogar konstitutiv auf die Schrift, genauer sogar auf die Kombinatorik des Alphabets verwiesen ist. Läßt sich nachweisen, daß diese Gotteskonzeption weder rein sprechsprachlich noch piktographisch hätte erdacht werden können? Die Beantwortung dieser Frage sei so lange zurückgestellt, bis die Gründe erläutert sind, derentwegen erst die Israeliten und dann die von ihnen entwickelte jüdische Religion die Abbildung Gottes verworfen haben.

Auf jeden Fall setzt die Stiftung und Durchsetzung einer Buchreligion nicht nur eine Kultur der Schrift, mitsamt professionell sozialisierten und ausgebildeten Schreibern, die in einem eigenen Ethos und in eigenen Schulen erzogen wurden,[12] voraus, sondern – in Ergänzung – eine Kultur des Lesens, des Verlesens und des Vorlesens. Der Gott Israels erscheint – spätestens nach der josianischen Reform[13] und der Gründung dezentraler Synagogen, die als solche ja erst entstehen konnten, nachdem der Opferkult in Jerusalem zentralisiert worden war – als verlesener bzw. vorgelesener Gott, der sich zwar in der Schrift, im Buch bezeugt, aber erst im verlesenen Wort aktualisiert und präsentiert wird.[14] Diesem Umstand entspricht präzise der schon in der Zeit des Zweiten Tempels bekannte und gepflegte Kult des unaussprechlichen Gottesnamens, des Tetragrammatons, den allenfalls der hohe Priester einmal im Jahr – am Versöhnungstag, alleine in einem leeren Allerheiligsten – anrufen durfte.[15] Indem das Judentum den Eigennamen des sich entziehenden Gottes in einem Tetragrammaton notiert, zugleich aber die

Nennung dieses Eigennamens bei der Verlesung der Schrift verbietet und anstatt dessen eine Fülle von Umschreibungen und Beschreibungen bemüht, kehrt es sich nicht nur gegen ein magisches Mißverständnis im Sinne eines Beschwörungsverbots. Im unnennbaren Namen kehrt lediglich auf kultischer Ebene wieder, was dem Gott Israels, der sich dem Moses als sich verwandelnder und sich entziehender vorgestellt hat, eigen ist. Diese Paradoxie findet ihren deutlichsten Ausdruck in dem Umstand, daß beim Beten und Reden über Gott er selbst nur noch als »der Name«, »ha-schem«, bezeichnet wird. Handelt es sich dabei nun um einen Namen oder um eine Bezeichnung? Der Begriff »Name« bedeutet Worte, die ihrerseits keinen Bezug auf die Eigenschaften eines Dings oder Wesens nehmen, sondern es in seiner Einzigartigkeit unter allen anderen hervorheben. Dieser Begriff für Einzigartigkeit, »Name«, der ja selbst auf eine vielen Worten gemeinsame Bedeutungsfunktion verweist, wird damit selbst zu einem »Namen«. Indem die Juden Gott als »den Namen« anrufen, halten sie einerseits fest, daß dieser Gott einen ganz eigenen, einzigartigen und unverwechselbaren Namen besitzt, also ein Wesen höchster Einzigartigkeit, damit aber zugleich so heilig ist, daß jede Anrufung Gottes außerhalb seiner »üblichen« Funktionen als Herr der Geschichte oder Erbarmer Israels seinen innersten Wesenskern berührt. Dieser innerste Wesenskern äußert sich im Widerspiel von Verbergung und Entbergung, von Offenbarung und Verhüllung und – im Paradox von Bezeichnung und Benennung – in einem Namen, der »Name« lautet.[16] Schriftlichkeit, Abbildungsverbot und Unnennbarkeit folgen alle dem gleichen Prinzip: der Präsentation eines Wesens, zu dessen vornehmsten Eigenschaften es gehört, nicht beschreibbar, nicht abbildbar und nicht benennbar zu sein.

Wollte man Derridas Theorie der Schrift abwandeln, so wäre in diesem Zusammenhang nicht von einer Urschrift zu sprechen, die es gemäß dem Widerspiel von Zeichen und Bezeichnetem gar nicht geben kann, sondern von einer Urbedeutung, die sich vor allem dadurch auszeichnet, daß jeder Versuch, sie festzulegen, schon alleine daran scheitern muß, daß das, was da bedeutet werden soll, überhaupt nur dadurch entsteht, daß der Beziehung zwischen Bedeutung und Bedeutungsträger alle Eindeutigkeit genommen ist.

Auf jeden Fall: Die jüdische Religion wurde historisch durch die Schrift, genauer gesagt, durch das althebräisch-phönizische Alphabet mitermöglicht, wenn nicht gar konstituiert. Daß sie unter der Regierung Josijas als Buchreligion verfaßt wurde, gibt Anlaß, die von Religionssoziologen immer wieder aufgestellte Behauptung ernst zu nehmen, daß »Religion« und Literalität einander bedingen.[17]

Diesem Befund scheinen auf den ersten Blick zwei historische Daten zu entsprechen: ein radikaler Monotheismus entwickelte sich ebenfalls und früher als der israelitische Monotheismus im Schoß der ägyptischen Kultur. Die von Amenophis IV., genannt Echnaton, gestiftete Amarnareligion der einen und einzigen göttlichen Sonne wurde im Medium der Hieroglyphen artikuliert.[18] Nahezu gleichzeitig mit der Ausbildung des reinen biblischen Monotheismus im Deuteronomium, in der Zeit der babylonischen Gefangenschaft, entwickelte sich im 6. Jahrhundert im antiken Hellas ein philosophischer Monotheismus, der – anders als in Israel – nicht in Konkurrenz zur Volksreligion trat. Der Monotheismus der ionischen und attischen Philosophie, wie er schließlich in Platons Werk, etwa einhundertfünfzig Jahre nach der Entstehung des Deuteronomiums, seine ausgereifte Gestalt annahm, scheint sich nicht im gleichen Ausmaß sozialen und politischen Auseinandersetzungen wie der Monotheismus des entstehenden Judentums zu verdanken.

So gilt: Kritik an der Abbildung der Götter, an der Vorstellung, daß das Göttliche oder Gott menschen- oder tiergestaltig sei, war kein Privileg der israelitischen Religion und des auf ihr fußenden Judentums. Schon die vorsokratischen Philosophen, die im Raum Großgriechenlands etwa zur Zeit der babylonischen Gefangenschaft wirkten, vertraten entsprechende Thesen. So zum Beispiel Xenophanes von Kolophon, der von 570 bis 475 vor der Zeitrechnung lebte und als Kritik am Götzendienst folgendes feststellte:

»Wenn aber die Rinder und Pferde und Löwen Hände hätten und mit diesen Händen malen könnten und Bildwerke wie Menschen schüfen, so würden die Pferde die Götter abbilden und malen in der Gestalt von Pferden, die Rinder in der Gestalt von Rindern, und sie würden solche Statuen meißeln, ihrer eigenen Körpergestalt entsprechend.«[19] Auf der Basis dieser Kritik konnte Xenophanes die Idee eines höchsten, wahren Gottes äußern. Diese Gottesvorstellung konnte die Befreiung von der Bildhaftigkeit freilich nur um den Preis erzielen, Gott wesentliche Züge eines handelnden Subjekts abzusprechen:

»Ein einziger Gott ist unter Göttern und Menschen der Größte, weder dem Körper noch der Einsicht nach den sterblichen Menschen gleich. [...] Als ganzer sieht er, als ganzer versteht er, als ganzer hört er. Immer verbleibt er am selben Ort, ohne irgendwelche Bewegung, denn es geziemt sich für ihn nicht, bald hierhin, bald dorthin zu gehen, um seine Ziele zu erreichen, sondern ohne Anstrengung des Geistes lenkt er alles mit seinem Bewußtsein.«[20]

An derlei Überlegungen schloß später Platon an, indem er die Idee des Monotheismus so weit radikalisierte, daß er dem höchsten Gott, der Idee, auch noch die letzten Eigenschaften eines handelnden Subjekts absprach. Anders als der Monotheismus der ionischen Naturphilosophen kann Platons Denken – einschließlich seines Monotheismus – nicht anders verstanden werden denn als Reaktion auf die intellektuellen und sozialen Zerfallsprozesse der attischen Polis vor und nach dem Peloponnesischen Krieg. Auf diese Krise hat Platon bekanntlich mit seinem Werk über den *Staat*, mit einer erziehungsphilosophischen Utopie reagiert.[21]

Der politische Pädagoge Platon hat in seinem Werk über den Staat ein Erziehungswesen abgelehnt, in dem Kinder und Jünglinge in affirmativer Weise mit der Götter- und Mythenwelt des von ihm selbst geliebten Homer vertraut gemacht werden. Dies solle sogar dann nicht geschehen, wenn diesen Mythen in irgendeinem Sinne ein höherer allegorischer Sinn zukäme. Welcher Art die prinzipiell höhere Wahrheit der Mythen sein könnte, verschweigt Platon. Daß die Geschichten, die diese Wahrheiten verhüllen, auch von Kindern geliebt werden, hat er selbst einbekannt. Das Grausame und das Unschickliche, das Abgründige und das Erschreckende – all dies mag in gewisser Weise einen höheren Sinn enthalten und sei doch zu vermeiden: »Denn der Jüngling ist nicht imstande zu unterscheiden, was dieser verborgene Sinn ist und was nicht; aber was er in diesen Jahren in seine Vorstellung aufnimmt, das pflegt schwer auszuwaschen und umzuändern zu sein.«[22]

Sogar wenn den abgelehnten Mythen ein höherer Sinn zuzuerkennen wäre, dürfte er den Jünglingen nicht zugemutet werden, weil sie von ihrer Erkenntnisfähigkeit her nicht in der Lage seien, Wesentliches und Unwesentliches auseinanderzuhalten. Was ist das Wesentliche, um das es Platon hier geht? Das Wesentliche bzw. jenes, das in einer bestimmten Form Platons Anstoß erregt, ist die Idee Gottes bzw. die Idee der Götter, wie sie in jenen Mythen präsentiert werden. Die erzählenden, Gott und die Götter selbst als leidenschaftliche Akteure darstellenden Mythen verdunkeln die angemessene Idee Gottes. Denn die Götter der homerischen Mythen, sie lieben und leiden, sie kämpfen und betrügen, tragen menschliche Gestalt und sind zudem jederzeit in der Lage, ihre Gestalt zu ändern.

Diese – auch in den volksreligiösen Mysterien, trotz aller allegorischen Deutung immer wieder bekräftigte – Lehre von den Göttern[23] widerspricht einer philosophischen Sicht, die in Gott die Idee des Wahren und des Guten sieht. Gott als Inbegriff des Wahren und des Guten stellt sich Platon als das genaue Gegenteil der in den Mythen überlieferten olympischen Götter vor. Sie sind viele, »er« ist einer; sie lügen – »er« ist das Prinzip der Wahrheit: »Offenbar also ist Gott einfach und wahr in Wort und Tat und verwandelt weder sich selbst, noch hintergeht er andere, weder in Erscheinungen noch in Reden noch indem er ihnen Zeichen sendet, weder im Wachen noch im Schlaf.«[24] Daß der Gott der Philosophen keine Zeichen sendet, also keiner Vermittlung bedarf, ist eine seiner vornehmsten Eigenschaften und wird somit in allen Entwürfen sowohl mystischer als auch rationaler Frömmigkeit – am Ende bei Spinoza – hervorgehoben. So jedenfalls, wie die homerischen Götter sich verhalten, kann sich der eine Gott der Philosophen, der Gott als Prinzip des Guten und moralisch Wahren, nicht verhalten. Weder steht er mit den Menschen in unmittelbarem Kontakt, noch gibt er ihnen vermittelt Zeichen. Der Gott Platons ist ein Prinzip, das hinter allem steht und das den Menschen durch Erkenntnisanstrengungen auf der Basis ihrer Liebe zur Weisheit zugänglich wird. Entsprechend kann dieser Gott auch unter keinen denkbaren Umständen die Ursache von Übeln in der Welt sein:

»Also auch Gott, weil er ja gut ist, kann nicht an allem Ursache sein, wie man insgemein sagt, sondern nur von wenigem ist er den Menschen Ursache, an dem meisten aber unschuldig; und das Gute zwar darf man auf keine andere Ursache zurückführen; von dem Bösen aber muß man sonst andere Ursachen aufsuchen, nur nicht Gott.«[25]

Die Frage nach der Entstehung des ionisch-attischen Monotheismus, des abstrakten Denkens und der Philosophie hat insbesondere die materialistische Philosophie immer wieder beschäftigt. Daß der analytische Blick entsprechend den marxistischen Voraussetzungen dieses Denkens bald auf die Geldwirtschaft bzw. auf die Trennung von Hand- und Kopfarbeit fiel, kann nicht erstaunen.[26] Bei dieser Erklärung ist jedoch dem Umstand zu wenig Rechnung getragen worden, daß das Entstehen der Geldwirtschaft, vor allem in Form der Münzprägung, das normierte Verwenden von Zahlen und Buchstaben schon voraussetzt. Damit ist zugleich die Frage nach den Bedingungen gestellt, unter denen in Hellas die Schrift übernommen wurde.[27]

Daß es sich dabei um eine Übernahme des phönizischen Alphabets handelt, das nur Konsonanten kannte, steht dabei ebenso fest wie die Tatsache, daß das griechische Alphabet im Unterschied zu seinen semitischen Vorlagen auch die Vokale gleichberechtigt notierte und damit eine noch größere Geschmeidigkeit bei der Wiedergabe gesprochener Sprache erzielte.[28] Das griechische Alphabet, von seinen Benutzern ursprünglich als »Phoinikeia« bezeichnet, dürfte sich in der zweiten Hälfte des 8. Jahrhunderts in Griechenland verbreitet haben, in einem geographischen und zeitlichen Rahmen, der den Verbindungen griechischer Händler nach Syrien parallel läuft.[29] Darüber hinaus vertritt Martin Bernal die weitreichende und bisweilen als provokativ empfundene These, daß die wesentlichen Grundlagen der griechischen Zivilisation von ägyptischen und syrischen Kolonisten in Hellas gelegt worden seien.[30]

Die materialistische Herleitung des abstrakten Denkens aus den funktionalen Erfordernissen der Geldwirtschaft wäre damit ein weiterer Fall jenes logozentrischen Denkens, das unter Umgehung der prinzipiellen und historischen Vorgängigkeit der Schrift den

Vorrang von Gedanken, logischen Operationen oder gesellschaftlichen Praxen postuliert. Die Frage nach der Herkunft, der Reichweite und Verbreitung des attisch-ionischen Monotheismus dürfte ihre Antwort indes weniger in den Erfordernissen der Geldwirtschaft finden als in der kulturellen Übernahme des monotheistischen Gedankens. Dieser Auffassung war jedenfalls der im ersten Jahrhundert der Zeitrechnung wirkende jüdische Historiker und Apologet Flavius Josephus, der in seiner Schrift *Gegen Apion* dem Moses folgende Verdienste um Gott zurechnete:

»Ihn selbst stellte er als ungeschaffen, und in alle Ewigkeit unveränderlich dar; an Schönheit sei er erhaben über jede vergängliche Gestalt, und offenbar werde er uns durch das Wirken seiner Macht, wiewohl wir ihn seinem Wesen nach nicht zu erkennen vermöchten. Dass solche Gedanken über Gott die Weisesten bei den Griechen erst fassen lernten, nachdem er den Anfang damit gemacht, will ich jetzt nicht weiter erörtern; dass es aber vortreffliche, dem Wesen und der Herrlichkeit angemessene Gedanken sind, davon legen sie lautes Zeugnis ab. Haben doch, wie bekannt, Pythagoras, Anaxagoras, Plato, nach ihnen die gleichen Ansichten über die Natur Gottes gehabt.«[31]

Handelt es sich dabei um eine unbegründete Unterstellung vor dem Hintergrund einer gemeinsamen Schriftkultur, oder gibt es darüber hinaus irgendwelche Hinweise, die auf eine direkte Beeinflussung des griechischen durch den jüdischen Monotheismus schließen lassen? Während sich die antiken Griechen ihrer Ursprünge in der ägyptischen Kultur deutlich bewußt waren,[32] läßt sich Vergleichbares für die Beziehungen zur israelitischen Kultur nicht sagen.[33] Immerhin lassen sich kommerzielle Verbindungen schon im 8. und 5. Jahrhundert vor der christlichen Zeitrechnung nachweisen. Immerhin bezeichnen einige philosophische Schriftsteller des 3. und 4. Jahrhunderts syrische Philosophen als »Juden« bzw. die Juden insgesamt als ein »Volk von Philosophen«.[34] Daß dabei der Name »Philosoph« nicht – wie heute üblich – als akademische Bezeichnung, sondern als Name einer religiösen Gruppierung verwendet wird, mag fremdartig anmuten, gewinnt aber dann an Plausibilität, wenn man Hinweise ernst nimmt, daß es den »Philosophen« in erster Linie um ein neues Gotteskonzept ging.[35] So behauptet etwa eine antike Überlieferung, daß Pythagoras der erste »Philosoph« gewesen sei.[36]

»Am Anfang jedes Philosophierens pflegen doch wohl zumindest alle Besonnenen«, beginnt der Neuplatoniker Iamblichos im 3. Jahrhundert der christlichen Zeitrechnung seine Biographie des Pythagoras, »einen Gott anzurufen; ganz besonders ist dies bei derjenigen Philosophie angebracht, die, wie man glaubt, mit Recht den Namen des göttlichen Pythagoras trägt.«[37] Damit habe Pythagoras nicht nur einen neuen Namen für eine geistige Haltung geschaffen, sondern zugleich jene Sache verdeutlicht, um die es ihm ging. Die Philosophie, die der Neuplatoniker Iamblichos dem Pythagoras zuschreibt, habe darin bestanden, »das Weltall im ganzen zu betrachten und die Ordnung, nach der sich darin die Gestirne bewegen, zu erkennen«. Diese Sicht der Dinge sei deshalb schön, weil die Welt an jenem ersten Wesen, das nur im Denken erreichbar sei, Anteil habe.[38] Damit schreibt Iamblichos im 3. Jahrhundert der Zeitrechnung dem Pythagoras, der angeblich im späten 6. Jahrhundert vor der Zeitrechnung gelebt hat, eben jenen Gottesbegriff zu, den später Platon und Aristoteles systematisch entfaltet haben.

Daß die Pythagoräer selbst nicht unbedingt dieser abstrakten Gotteskonzeption anhingen, sondern jedenfalls zum Teil einer Vorstellung verpflichtet waren, die stark an den biblischen Gott erinnert, wird an Iamblichos' Ausführungen über die eine der beiden pythagoräischen Sekten, der »Mathematiker« (der Wissenden) und der »Akumismatiker« (der Hörenden) deutlich. Während jene in die Geheimlehre eingeweiht waren, bauten diese auf nicht weiter begründete Aussprüche des Meisters. Die Akumismatiker folgten so einer Lebensweise, die auf das Göttliche zielt und sich entsprechend distanziert zur Welt der Menschen verhält. »Denn da es einen Gott gibt und da dieser über alle Herr ist, muß man – darüber sind sich alle einig – vom Herrn das Gute fordern.«[39]

Dabei fällt nicht nur der erklärte Monotheismus dieser Passage auf, sondern insbesondere die Bezeichnung »Herr« für Gott – im Griechischen »Kyrios« – eine Bezeichnung, die sich ansonsten vor allem in der Septuaginta[40] und schließlich in den neutestamentlichen Schriften für den Messias Jesus findet. Das hellenistische Judentum jedenfalls umschrieb das unnennbare Tetragrammaton seit dem 2. Jahrhundert vor der Zeitrechnung mit »Kyrios«. Nun war Iamblichos ein nachchristlicher Autor, und so läßt sich nicht ausschließen, daß er sich unbedacht der Begriffe des Christentums bediente und diese den Pythagoräern rückwirkend in den Mund legte. Andererseits finden sich in seinem Werk vielfältige und deutliche Zeugnisse polytheistischen Götterglaubens, bei denen der Autor ebenfalls eine interpretatio christiana hätte vornehmen können. Dies hat er nicht getan. Vor diesem Hintergrund ist nicht plausibel, warum ausgerechnet die genannte Passage hätte christlich interpretiert werden müssen. Wenn es sich aber bei diesem Bericht um eine halbwegs authentische Mitteilung über eine kleine Sekte handelt, liegt es nahe, die Überschneidungen und Berührungen zwischen biblischem und philosophischem Monotheismus stärker als bisher in den Blick zu nehmen. Für die Alten schien die strikte Trennung zwischen einer Religion der Vernunft und einer Religion des Glaubens, die sich in Europa im Zeitalter der Aufklärung, beginnend mit Pascal und Spinoza, über Kant und Hamann bis zu Kierkegaard abzeichnete, nicht zu gelten. Einig waren sich Philosophie und biblischer Glaube auf jeden Fall darin, daß Gott nicht abbildbar sei. Daß »die Philosophie« ganz zwanglos mit der Existenz von Göttern rechnete und darin keinen Widerspruch zu ihrem Monotheismus sah, liegt einfach daran, daß die Existenz der »Götter« in der Ontologie eines Teils der griechischen Kultur[41] schlichtweg als Tatsache galt, als Tatsache, die in gleicher Weise existierte wie Menschen, Tiere, Dämonen und Orakel. Auf diesen Volksglauben bezogen sich Dichter, Philosophen und Rhetoriker in unterschiedlichen Brechungen und Vermittlungen. Darin unterscheidet sich das griechische Denken nicht einmal unbedingt von der biblischen Botschaft: auch dem Judentum wurde erst im 5. vorchristlichen Jahrhundert klar, daß es nicht nur darum ging, einen unter mehreren Göttern anzubeten, sondern daß dieser eine unter mehreren in Wahrheit nur einziger sein konnte. »Das Göttliche« der Philosophie aber existierte auf einer anderen Ebene und mußte deshalb auch nicht mit den »empirischen« Göttern konkurrieren.

Die beiden unterschiedlichen Formen des Monotheismus, des philosophischen, die Gott als Prinzip des Guten erkannte, und des jüdischen, die in Gott den gerechten und barmherzigen Herrn der

Geschichte bekannte, zogen unterschiedliche Konzeptionen der Faßbarkeit Gottes nach sich. Während die philosophische Gottesschau Gott nicht anders denn als Prinzip sehen konnte, erfuhr der jüdische Glaube Gott als handelnde Person. Für das griechische Denken war die Annahme eines handelnden Prinzips ebenso unsinnig, wie dem jüdischen Glauben die Annahme eines nicht souveränen, d.h. freien und somit handelnden Gottes widersinnig erschien. Der Gedanke eines unsichtbaren, nicht anthropomorphen Akteurs war dem philosophischen Gedanken ebenso unzugänglich wie dem Glauben die Annahme eines höchsten Wesens, das sich nicht von sich aus auf die Menschen bezog. Beide jedoch kommen darin überein, daß Gott – sei es als Prinzip des Guten, sei es als barmherziger Herr der Geschichte – in großer Distanz zu den menschlichen Machenschaften zu stehen habe. Es ist allein diese Distanz, aus der die Menschen in einer heillosen Welt Hoffnung schöpfen können. Der abendländische Streit um Bilder oder Bilderverbot dreht sich um die Frage, wie diese Distanz angemessen zu verstehen und darzustellen sei.

II. Vom theologischen Sinn des Bilderverbots

> Und wenn das Gesicht Gottes Mißbrauch von Gesichtern wäre – falsches Gesicht, das das unsere verdrängt?
> E. J.

»... das Verbot, das Falsche als Gott anzurufen, das Endliche als das Unendliche, die Lüge als Wahrheit. Das Unterpfand der Rettung liegt in der Abwendung von allem Glauben, der sich ihr unterschiebt, die Erkenntnis in der Denunziation des Wahns. Gerettet wird das Recht des Bildes in der treuen Durchführung seines Verbots.«[42]

Die paradoxe Formulierung Horkheimers und Adornos enthält in ungeheurer Verdichtung, einem alten, vielfach übermalten Bilde gleich, Motive und Probleme, die zunächst die israelitische Religion, dann das entstehende Judentum und die frühe Christenheit, schließlich das mittelalterliche Christentum und endlich den Protestantismus prägten. Horkheimer und Adorno erwähnen zwar die Rede von Gott, sprechen aber selbst von »Rettung«, von »Glauben«, von »Erkenntnis« und vom »Bilderverbot«. Horkheimers und Adornos theologisierende Redeweise ist nur konsequent: ohne Bezug auf die biblischen Religionen und die Kontroversen zwischen Judentum und Christentum, ja innerhalb des Christentums hängt die vermeintlich ästhetische Rede vom »Bilderverbot« in der Luft. Sie ist ohne diesen theologischen Hintergrund nicht nur nicht zu verstehen, sondern noch nicht einmal vernünftig zu verwenden. Ohne begründeten inhaltlichen Bezug zur Theologie, zur Frage nach Gott handelt es sich beim »Bilderverbot« nur noch um eine längst überfällige façon de parler, um einen flatus vocis.

Horkheimer und Adorno scheuen sich nicht, massiv wie sonst nur kirchliche Theologen, vom »Unterpfand der Rettung« zu sprechen. Dieses Unterpfand bestehe im Verbot des Bildes. Das Bild aber habe sein eigenes Recht, ein Recht, das nur durch sein Verbot bewahrt werde. Worin besteht nun das Recht dessen, das durch sein Verbot gewahrt wird? Das Verbot des Bildes verweist auf das, worauf eine bestimmte Art von Bildern zu verweisen pflegt, nämlich auf das Rettende. Das, was Horkheimer und Adorno als das »Rettende« bezeichnen, mag man es nun Gott nennen oder nicht, kann seine Kraft nur dadurch bewahren, daß die Menschen es sich untersagen, mit ihm in einen vermeintlich unmittelbaren, sinnlichen Kontakt zu treten. Die Lehre von der Unverfügbarkeit des Gestaltlosen gilt auch heute noch als einleuchtend – warum?

Traditionell gesprochen geht es dabei um die Frage nach den wesentlichen Prädikaten Gottes, um die Frage, ob die von ihm bekannte, geglaubte und geforderte Kraft zur Rettung und Heilung der Menschen in einer sündigen Welt nicht alleine in seiner absoluten Freiheit beschlossen liegt, in einer Freiheit, die allenfalls er selbst durch einen freiwillig eingegangenen Bundesschluß oder ein einseitiges Versprechen einschränken kann. Es liegt auf der Hand, daß ein Gott, der durch magische Praktiken wie Beschwörungen oder Opfer unter Kontrolle gebracht werden kann, aus der Funktion eines Richters und Befreiers in die Funktion eines beliebig manipulierbaren Dämonen, wie des Geistes aus Aladins Wunderlampe, abgleitet.

In der mittlerweile mehr als zweitausendfünfhundert Jahre währenden Debatte um das Bilderverbot geht es übrigens *nicht* darum, sich zwischen einem magischen und einem hochkulturellen Gottesbild zu entscheiden, sondern um eine Debatte innerhalb der monotheistischen, hochkulturellen Religionen. Es geht, wiederum traditionell gesprochen, um die Frage, ob die von allen auf der Bibel beruhenden monotheistischen Religionen beglaubigte Nähe, Barmherzigkeit und Menschenfreundlichkeit Gottes in einer den Menschen unmittelbar eingängigen, nämlich optischen Weise, ausgedrückt, dargestellt und artikuliert werden kann, ohne seine Freiheit und damit die Hoffnung der Menschen zu verraten. Erst die durch das Bilderverbot erzielte Entmächtigung der Magie – unter Verzicht auch auf die symbolische Verwandlung jenes mythologischen Rests, den jede Religion beinhaltet – garantiert Befreiung. Dies jedenfalls war die Auffassung Horkheimers und Adornos, die mit diesem Gedanken die Überlegenheit des Judentums über das Christentum glaubten feststellen zu können:

»Den Juden schien gelungen, worum das Christentum vergebens sich mühte: die Entmächtigung der Magie vermöge ihrer eigenen Kraft, die als Gottesdienst sich wider sich selbst kehrt. Sie haben die Angleichung an Natur nicht sowohl ausgerottet als sie aufgehoben in den reinen Pflichten des Rituals. Damit haben sie ihr das versöhnende Gedächtnis bewahrt, ohne durchs Symbol in Mythologie zurückzufallen.«[43]

Es wird sich freilich zeigen, daß die Argumente jener, die glaubten, Gott abbilden zu können, wesentlich stärker sind, als man auf den ersten Blick zu glauben geneigt ist. In der Debatte zwischen Bilderfeinden und Bilderfreunden hat die Spannung zwischen zwei ganz unterschiedlichen, gleichermaßen ersehnten wie widersprüchlichen Hoffnungen der Menschen an das Absolute Gestalt angenommen: Unverfügbarkeit und Freiheit scheinen gegen Zuwendung und Nähe zu stehen.

Im folgenden werden drei Runden dieser welthistorischen Auseinandersetzung innerhalb der christlich-jüdischen Welt skizziert, ohne dabei ausführlich auf sozialhistorische und wissenssoziologische Fragen einzugehen. Auseinandersetzungen im alten Israel, im frühmittelalterlichen Byzanz und während der Reformation liefern Argumente und Zeugnisse für eine ernste Auseinandersetzung, von der prima facie kein Anlaß zu glauben besteht, sie diene in erster Linie der Camouflage materieller Interessen. Vielmehr sei mit Max Weber vorausgesetzt, daß es sowohl materielle als auch ideelle Interessen gibt, die zwar miteinander in wahlverwandtschaftlichen Beziehungen, aber keinen Ableitungsverhältnissen stehen und daher autonom sind. Gerade dann kann aber nicht übersehen werden, daß materielle, ideelle und politische Interessen in funktionale Beziehungen geraten können: so ist man sich heute weitestgehend darüber einig, daß das Bilderverbot im alten Israel nur im Zusammenhang mit der Kultzentralisation in Judäa und Jerusalem zu erklären ist[44], eine Annahme, die auch für den byzantinischen Bilderstreit vertreten wird.[45]

Die damit zumal unter postmodernen Vorzeichen vermutbare Stellungnahme gegen Hierarchie, Bildlosigkeit und Zentralismus, kurz gegen den Monotheismus, greift freilich nicht: während der Reformation verkehren sich die Fronten – Bildlosigkeit und Bildersturm werden nun zu Motiven all jener, die sich gegen den römischen Zentralismus zur Wehr setzen.

»Aber der Bildersturm«, schreibt Hans Belting in seiner monumentalen *Geschichte des Bildes vor dem Zeitalter der Kunst* zum reformatorischen Bildersturm, »war nicht nur eine Sache der Theologen. Er schloß den Aufstand gegen Kapital und Obrigkeit ein, mochten nun die Gegner verhaßte Grundherren, reiche Klöster ohne Steuerzwang oder die landfremde spanische Besatzung sein. Die Initiatoren des Bildersturms waren manchmal die Volksmassen, manchmal das Patriziat einer Stadt im Kampf mit der besitzenden Kirche, seltener die Theologen selber.«[46]

Auch die pauschale Annahme, daß die Bilderfreunde alles in allem toleranter und sinnenfreudiger seien als die Bilderfeinde, läßt sich nicht halten. Für das christliche Byzanz scheint festzustehen, daß gerade die Bilderfreunde auf strikte Unterordnung aller Reichsbürger unter das christliche Bekenntnis setzten, während die Bilderfeinde auch den nichtchristlichen, jüdischen, muslimischen und gnostischen Untertanen jedenfalls zeitweise Luft zum Atmen ließen.[47] Sozialgeschichtlich drehte sich in Byzanz alles um die Konkurrenz zwischen militärischen und kirchlichen Hierarchien, wobei jene zur Bilderlosigkeit, diese zur Bilderverehrung neigten.

Nach diesen warnenden Vorbemerkungen, die Debatte um das Bilderverbot nicht kurzschlüssig für eine postmoderne Pluralismusdebatte zu verwenden, und dem damit verbundenen Plädoyer, die jeweils aufgebotenen theologischen Argumente ernst zu nehmen, nun die drei Fallskizzen.

Kultzentralisation und Buchreligion

Dabei führen alle Wege zu dem anfangs erwähnten judäischen König Josija zurück. »Im achten Jahr seiner Regierung – er war noch jung –« heißt es im Zweiten Buch Chronik 34,3–7, »begann er den Gott seines Vaters David zu suchen. Im zwölften Jahr fing er an, Juda und Jerusalem von den Höhen und heiligen Pfählen, von den Schnitz-

und Gußbildern zu reinigen. In seiner Gegenwart zerstörte man die Altäre der Baale. Er ließ die Räucheraltäre, die oben auf ihnen standen, umhauen, die heiligen Pfähle und Schnitzbilder zerbrechen und zermalmen und streute sie auf die Gräber jener, die ihnen geopfert hatten. Die Gebeine der Priester verbrannte er auf ihren Altären. So reinigte er Juda und Jerusalem. In den Städten von Manasse und Ephraim, von Simeon bis Naphtali, in ihren geplünderten Gebieten ringsum zerstörte er die Altäre. Die heiligen Pfähle und Götzenbilder zerschlug und zermalmte er. Alle Räucheraltäre ließ er im ganzen Lande Israel umhauen. Dann kehrte er nach Jerusalem zurück.«

Danach, so berichtet das Buch Chronik, ließ Josija den Tempel Salomos renovieren, während ein Priester plötzlich das bis dahin als verschollen geglaubte Buch der Gesetze Gottes wiederauffand. Die zur Deutung dieser Ereignisse herbeigerufene Prophetin Hulda erklärte den Fund zu einem Zeichen der Versöhnung zwischen Gott und Israel angesichts der erfolgten Abkehr vom Bilderdienst, was schließlich zu einem neuen Bundesschluß im Namen des Buches führte.

»Darauf trat der König an die Säule und schloß den Bund vor dem Herrn, daß er dem Herrn folgen und seine Vorschriften, Weisungen und Gesetze aus seinem ganzen Herzen und mit ganzer Beobachtung beachten wolle, um die Worte des Bundes zu erfüllen, die in diesem Buche aufgeschrieben waren.« (2. Chr. 34,31)

Dieser Bericht, der auch nach Auffassung kritischer alttestamentlicher Forschung trotz nachweisbarer Überarbeitungen der Sache nach Vertrauen verdient[48] – stellt er doch im wesentlichen eine redaktionelle Neubearbeitung des in seinem Kern als historisch angesehenen zweiundzwanzigsten und dreiundzwanzigsten Kapitels des Zweiten Buchs der Könige dar –, erzählt von der engen Verquickung von Kultzentralisation, machtpolitischer Konsolidierung, Emanzipation von assyrischer Oberhoheit und religiöser Reform in Richtung einer Buchreligion. Im Zweiten Buch der Könige werden die Umstände, unter denen das Buch der Weisung gefunden wird, als dramatischer Einbruch in den routinierten Vollzug königlicher Herrschaft geschildert:

Im 18. Jahre des Königs Josija sandte der König den Schreiber Schaphan [...] in den Tempel Gottes und trug ihm folgendes auf: »Geh hinauf zum Hohepriester Hilkija, damit er das Geld siegele, das in den Tempel Gottes gebracht worden ist, und das die Schwellenhüter vom Volk eingesammelt haben. Man soll es den Werkmeistern aushändigen, die im Tempel Gottes als Aufseher bestellt sind; sie sollen es den Werkleuten im Tempel Gottes geben, die damit beschäftigt sind, die Bauschäden auszubessern, nämlich den Zimmerleuten, den Bauleuten und den Maurern, ferner für den Ankauf von Holz und Hausteinen, um den Tempel auszubessern. Man soll jedoch keine Abrechnung mit ihnen vornehmen über das Geld, das man ihnen aushändigt, denn auf Treu und Glauben handeln sie. Da teilte der Hohepriester Hilkija dem Schreiber Schaphan mit: Ich habe das Gesetzbuch gefunden im Tempel Gottes. Und Hilkija übergab das Buch dem Schreiber Schaphan und dieser las es. Dann begab sich der Schreiber Schaphan zum König und erstattete dem König Bericht mit den Worten: »Deine Diener haben das Geld, das sich im Tempel fand, ausgegeben, und es den Werkmeistern ausgehändigt, die zu Aufsehern im Tempel Gottes bestellt sind.« Weiter meldete der Schreiber Schaphan dem König: »Ein Buch hat mir der Priester Hilkija gegeben«, und Schaphan las es dem König vor. Und es geschah, als der König die Worte des Gesetzbuches hörte, zerriß er seine Kleider. Darauf gab der König dem Hilkija [...] diesen Befehl: »Geht, befragt den Herrn für mich und für das Volk wegen der Worte dieses Buches, das man gefunden hat, denn groß ist der Grimm Gottes, der gegen uns deswegen entbrannt ist, weil unsere Väter auf die Worte des Gesetzes nicht gehört haben, um nach alledem zu handeln, was in ihm vorgeschrieben ist.« Da begaben sich der Priester Hilkija, Achikam [...] zu der Prophetin Hulda, die Frau des Schallum, des Sohnes Tikwas, des Enkels des Kleiderbewahrers Harchas, die im zweiten Bezirk von Jerusalem wohnhaft war, und sprachen mit ihr. Sie aber sagte zu ihnen: »Also meldet dem Mann, der euch hergeschickt hat zu mir: So spricht Gott: Siehe ich bringe Unheil über diesen Ort und über seine Bewohner, und zwar den ganzen Inhalt des Buches, das der König von Juda gelesen hat, weil sie mich verlassen und anderen Göttern geräuchert haben, um mich durch all das Machwerk ihrer Hände zu reizen; darum soll mein Zorn über diesen Ort entbrennen und nicht erlöschen! Dem König von Juda aber, der euch gesandt hat, Gott zu befragen, sollt ihr folgendes sagen. Also spricht Gott, Israels Gott: Die Worte, die du gehört hast [...] Weil dein Herz weich geworden ist, und du dich vor Gott gebeugt hast, als du hörtest, was ich über diesen Ort und seine Bewohner gesprochen habe, daß sie nämlich zum Entsetzen und zum Fluch werden sollen, und weil du deine Kleider zerrissen und vor meinem Angesicht geweint hast, so habe auch ich es angehört, spricht Gott. Darum sollst du, wenn ich dich zu deinen Vätern versammle, in Frieden in dein Grab gebracht werden, und deine Augen sollen nicht all das Unheil schauen, das ich über diesen Ort bringen werde.« Darauf erstatteten sie dem König Bericht. (2. Kö. 22,3–20)

Diese Geschichte wirkt – unabhängig davon, ob sie nun mehr oder minder wahr ist oder lediglich die legendäre Ausgestaltung von Ereignissen darstellt, die man als Machtübernahme einer Priestergruppe über einen noch jugendlichen König bezeichnen könnte[49] – glaubwürdig und ihrem Gedankengang nach überaus schlüssig. Diese Schlüssigkeit auch ist es, die dem berichteten Geschehen jenen Anschein von Authentizität verleiht, die schließlich auf historische Wahrheit schließen läßt.

Auffällig ist die ebenso präzise wie anschauliche Schilderung alltäglicher, eher banaler höfischer Angelegenheiten. Zunächst scheint es um nichts weiter zu gehen als darum, daß auf Geheiß des Königs die Handwerker, die den Tempel renovieren, anständig bezahlt werden und darüber hinaus weitere Mittel für Baumaterialien bereitgestellt werden. Diese Details wären überflüssig, wenn es lediglich um die legendär-verklärende Präsentation eines heiligen Textes gegangen wäre. Freilich gibt diese realistische höfische Chronik genug Rätsel auf: Warum soll das vom Volk gesammelte Geld gesiegelt werden? Warum soll die Entlohnung nicht schriftlich fixiert, sondern auf Treu und Glauben, ohne Rechnung und Quittung vorgenommen werden? Schon hier ist also von Schrift und Buch die Rede, wenngleich auch in profanen Zusammenhängen. Aus der neueren Forschung wissen wir, daß die Zeit Josijas in archäologischer Hinsicht unter anderem dadurch auffällt, daß in ihr Siegel mit Götterbildern seltener werden und durch reine Namensiegel ersetzt werden.[50] In diesem Zusammenhang leuchtet es ein, daß herkömmliches Geld eingeschmolzen und umgesiegelt wird. So wird dem Bilderverbot auch im Bereich der Münze Geltung verschafft. Daran wird deutlich, in welchem Ausmaß die Entwicklung und Ausbreitung der Geldwirtschaft von der Entwicklung der Schrift abhängig war. Erst die Möglichkeit, mit Hilfe der Schrift dekontextualisierte Zeichen zur Kennung von Gegenständen zu verwenden, ermöglichte die Ausbildung eines generalisierten Tauschmediums.[51]

Warum sollten die Handwerker auf Rechnung und Quittung verzichten? Die Begründung verweist auf die Redlichkeit der Handwerker, die aus Loyalität zu Tempel und König ihre Leistung erbracht und ihrerseits vor Beginn der Arbeit auf schriftliche Festlegungen verzichtet haben. Aus beidem geht hervor, daß es sich um freie Handwerker, also nicht um unterdrückte Arbeitskräfte gehandelt hat und daß das Schließen von Verträgen als Ausdruck sozialer Beziehungen galt, die nicht nur auf Distanz angelegt, sondern zudem von Mißtrauen geprägt waren.

Im Text folgt auf die Hervorhebung der Redlichkeit der Handwerker sofort die Mitteilung des Hohen Priesters über die Auffindung des Gesetzbuches. Ob es sich bei diesem Fund um ein historisch bewußt vorgenommenes Arrangement, eine legendäre Übermalung oder um einen echten Zufall handelt, ist bis heute umstritten. Einigkeit besteht alleine darüber, daß dieses Buch aller Wahrscheinlichkeit nach eine Frühform des Deuteronomiums oder einiger seiner Teile war[52] – eine Meinung, die im übrigen als erster der protestantische Theologe und Kantianer de Wette in seiner 1805 erschienenen Dissertation vertreten hat.

Der vom Priester instruierte Schreiber Schaphan, den wir uns als Wesir, als höchsten Beamten des Königs vorzustellen haben, gehört wie der Hohe Priester einem Familienzusammenhang an, der durch die Akkumulation ansonsten gegensätzlicher und einander ergänzender Rollen wie Priester, Propheten und Schreiber gekennzeichnet war und sich schon seit längerem dadurch auszeichnete, gegen die oft genug synkretistisch gesonnenen Könige den einen Gott zu propagieren. Angesichts des Umstandes, daß König Josija acht Jahre alt war, als er den Thron Judas bestieg, erstaunt es wenig, daß er die geistige Haltung seiner Lehrer, jener prophetischen Priester und priesterlichen Propheten übernommen hat. Die Zerknirschung, die den König nach der Vorlesung der Schrift überfällt, ließ in ihm den Wunsch entstehen, die Konsequenzen des bisherigen Sündigens durch das Befragen eines Orakels zu ermessen. Zu diesem Zweck suchten die Hofangestellten eine Frau, eine Prophetin, auf, die ihrerseits mit einem hohen Hofbeamten verheiratet war. Wider die immer wieder behauptete Frauenfeindlichkeit des Alten Testaments und den angeblichen Patriarchalismus des jüdischen

Glaubens zeigt sich, daß an zentraler Stelle eine Prophetin das Wort erhält, von der ansonsten nichts bekannt ist. Aber schon die rabbinische Überlieferung hob hervor, daß Josija die Prophetin Hulda und nicht den zur gleichen Zeit wirkenden Jeremija konsultierte. Zudem wird der Prophetin nachgesagt, den judäischen Frauen Umkehr gepredigt zu haben, so wie es Jeremija, mit dem sie verwandt gewesen sein soll, den Männern gegenüber tat. Endlich sagt ihr die Legende nach, in Jerusalem eine eigene Akademie unterhalten zu haben.[53]

Offenbar kam es den Verfassern des Buchs der Könige darauf an, mitzuteilen und hervorzuheben, daß die »Gott-allein«-Bewegung nicht nur von Männern getragen wurde. Dies könnte eine legitimatorische Funktion gehabt haben, da die von Josija betriebene und von Jeremija propagierte »Gott-allein«-Bewegung ja nicht ohne Auswirkung auf die vor allem von Frauen betriebene familiäre Frömmigkeit geblieben ist. Beim Propheten Jeremija (7,18) erfahren wir von Frauen, die Teig kneten, um einer Himmelskönigin Kuchen zu backen. Wurde die Prophetin Hulda bemüht, um den judäischen Frauen deutlich zu machen, daß »Gott allein« auch ihr Gott sein könne und sie nicht – wie später im Exil – beklagen mußten, daß das Ende der Opfer an die Himmelskönigin ihr Unglück mitbewirkt habe? (Jer. 44,19) So wird die Entdeckung des Buches von einer Reihe bemerkenswerter Umstände begleitet: von einer neuen Münzprägung, einer erneuten Beglaubigung der Treue loyaler Handwerker, einem Bündnis von Schreibern, Priestern und Propheten, dem Auftreten einer Frau und der Bereitschaft eines jungen Königs, eine religiöse und politische Reform zu wagen. In allen Fällen sind es die Fähigkeiten des Schreibens und Lesens, die der Reform vorhergehen. Anders als die Gesetzestafeln in der Erzählung des Buches Exodus werden die Satzungen des gefundenen und prophetisch beglaubigten Buches in einer Art förmlichen Verfahrens, das beinahe demokratische Züge trägt, in Kraft gesetzt. Weder dem König noch Priestern, Schreibern oder Propheten wird so viel Charisma zugetraut, die alten Weisungen ohne weiteres in Kraft setzen zu können.

»Hierauf ließ der König bei sich alle Ältesten Judas und Jerusalems versammeln. Der König ging dann zum Tempel Gottes, und die Männer Judas sowie die ganze Bevölkerung Jerusalems mit ihm, ebenso die Priester und Propheten, und das ganze Volk, klein und groß. Und er ließ vor ihren Ohren den ganzen Inhalt des Bundesbuches, das man im Tempel Gottes gefunden hatte, vorlesen. Darauf trat der König an die Säule und schloß vor dem Angesicht Gottes den Bund, daß sie Gott nachfolgen und seine Weisungen, Verordnungen und Gesetze einhalten wollten mit ganzem Herzen und mit ganzer Seele, um so die Worte dieses Bundes, die in jenem Buche geschrieben standen, wahrzumachen. Und alles Volk trat dem Bunde bei.« (2. Kö. 23,1–3)

Das Verfahren, mit dem dieser Bund in Kraft gesetzt wird, beginnt mit einer vorbildhaften Selbstverpflichtung des Königs, der schließlich das ganze Volk, das die wehrpflichtigen Männer Judas sowie die ganze – nun auch Frauen und Kinder einbeziehende – Stadtbevölkerung Jerusalems umfaßt, folgt. Die Religion des Buches wird in einem Bund konstituiert, in dem Treu und Glauben in genau dem Ausmaß gelten wie in der Zusammenarbeit zwischen höfischer Bürokratie und loyalen Handwerkern. Erst vom Ende der Geschichte, vom öffentlichen Bundesschluß her gewinnt die vermeintlich banale Handwerkergeschichte ihre Bedeutung. Der Bericht selbst enthält keine Mitteilung darüber, daß dieser Bund selbst außer dem öffentlichen, wohl mündlichen Ritual irgendwo schriftlich kodifiziert worden ist. Was vorlag, war ein bereits geschriebener Text, zu dessen Beglaubigung König und Volk sich mündlich und öffentlich verpflichteten. Schriftlichkeit und Mündlichkeit kommen so in unterschiedlichen Funktionen zur Geltung. Am Anfang war das Buch – aber ohne das handelnde, sprechende und aktualisierende Einverständnis der Adressaten des Buches wäre es nicht mehr als eine Vorlage und Vorgabe geblieben.

Damit ist das Thema der sprechenden Aktualisierung unvordenklicher Texte aufgerufen, das jeder Texthermeneutik zugrunde liegt. Die Beschwörung des alten, je schon vorausliegenden Textes, liege er nun in Buchform oder in Stein vor, war keine Spezialität des alten Israel. Denn Josija stand mit seiner Wiederaufnahme älterer Motive der israelitischen Religion keineswegs alleine – der gesamte Vordere Orient (in Ägypten, Assyrien und Babylon) war im 7. Jahrhundert durch eine Restauration älterer Kultformen geprägt.[54]

Gleichwohl ist Josijas Reform einzig zu nennen, da sie – jedenfalls im Vorderen Orient – den ersten und einzigen Fall der Gründung einer Buchreligion darstellt, einer Religion also, in der heilige Schriften den Tempel- und Opferkult nicht nur begleiten, sondern ihm systematisch vorangehen. Es waren die von Josija und seinem Hof getroffenen Entscheidungen wie das Einführen einer neuen Münzprägung, Kultzentralisation, Zerstörung anderer Heiligtümer, des Bilderverbots und Einsetzen eines Buches, die der Gründung des historischen Judentums vorausgingen. Als die judäische Oberschicht dreißig, vierzig Jahre später im babylonischen Exil den reinen Monotheismus ausbildete und seine Grundzüge im Deuteronomium festlegte, konnte sie sich auf die von Josija geschützte Wiedereinsetzung oder Neufassung dieses Bundesbuches mitsamt dem Prozeß, den dieses Bilderverbot begleitete, beziehen. Im Deuteronomium, Kapitel 4,15–18, heißt es denn auch:

»Und seid sehr auf eurer Hut um eurer Seelen willen; denn ihr habt keinerlei Bild gesehen am Tage, da der Ewige zu euch geredet auf dem Choreb mitten aus dem Feuer. Daß ihr nicht ausartet und euch macht ein Bild, Abbild irgendeiner Götzengestalt, die Form eines Männlichen oder Weiblichen. Die Form irgendeines Tieres, das auf der Erde, die Form irgendeines beschwingten Vogels, der am Himmel hinfliegt, die Form von irgend etwas auf der Erde kriechendem, die Form irgendeines Fisches, der im Wasser unter der Erde.«

Daß derlei Bilderdienst in der Spätzeit des judäischen Königreiches, nach Josijas Tod und vor der babylonischen Vergangenheit sogar im Herz der israelitischen Religion, im Tempel zu Jerusalem herrschender Brauch war, läßt sich beim Propheten Ezechiel nachlesen, der für die Zeit kurz vor der Zerstörung des ersten Tempels in einer Vision folgendes sieht:

»Da ging ich hinein, und siehe, da waren allerlei Gebilde von Gewürm und Getier, greuelhafte Wesen und allerlei Götzenbilder des Hauses Israel auf der Wand ringsum eingezeichnet.« (Ez 8,10) Handelte es sich bei diesen Bildern und Zeichnungen womöglich nur um Symbole von Engeln und Dämonen oder um Abbilder Gottes selbst? Hier kommt alles darauf an, diejenigen, die etwa Bilder verwendeten, nicht vorschnell als Heiden und Götzendiener zu verketzern, sondern sich in Erinnerung zu rufen, daß die Trennlinie zwischen Polytheismus und Monotheismus nicht parallel der Unterscheidung von Bilderfreunden und Bilderfeinden verläuft.[55] Gewiß: es ist möglich, daß die Mißstände im Jerusalemer Tempel, die Ezechiel geißelt, darin bestanden, daß im Tempel Bilder anderer Götter als des Gottes Israels aufgestellt worden sind. Denkbar ist aber auch, daß Ezechiel figürliche Kultgeräte, die niemals unter dem Anspruch standen, Gott abzubilden, kritisiert. Schließlich könnte er eine Praxis angreifen, die darin besteht, den unangezweifelten einen Gott Israels in einem Bild anzubeten.

Vor der Zerstörung des ersten Tempels hatten die Israeliten noch kein klares Bewußtsein davon, daß der eine Gott, der sich ihnen in einem Bunde anvermählt hatte, auch der einzige Gott überhaupt war. Bis dahin lebten sie eher nach dem Glauben, daß ihr Gott, der Gott Abrahams, Isaaks und Jakobs, sich Mose und dem Volk gesichtslos, allenfalls in der Hülle von Feuer und Rauch offenbart hatte, nicht aber, daß es außer ihm keine anderen Götter gäbe. Ein Blick in die Religionsgeschichte Israels zeigt zudem, daß die Dinge so klar, wie sie Josija und seinem Umfeld erschienen, nicht waren. Wie konnte es zu dieser Reform kommen? Historisch gilt als wahrscheinlich, daß nach dem Tode Salomos, zweihundertfünfzig Jahre vor Josija, der erste König des Nordreiches Israels, Jerobeam, aus religionspolitischen Gründen in Betel und Dan je einen Konkurrenztempel zu Jerusalem errichten ließ, wo der befreiende Gott Israels angesichts eines goldenen Jungstiers verehrt wurde. Im ersten Buch der Könige wird berichtet, wie König Jerobeam bei der Tempelweihe das Volk ansprach:

»Nun ist es genug mit dem Pilgern nach Jerusalem. Siehe Israel, das da ist dein Gott, der dich aus dem Ägypterland herausgeführt hat.« (1. Kö 12,28)

Der Gott, der dort in Stiergestalt angebetet werden sollte, war also alles andere als ein Götze oder Fetisch, sondern genau jener befreiende Gott, den sogar Mose nur rückseitig herüberziehen sah (Ex 33,23). Was für ein Gott war das, dem sich die Könige des Nordreichs anhand von Stiersymbolen näherten? Warum Stiere, d. h. Bilder, wo doch die Überlieferung von der Befreiung aus ägyptischem Joch einen gestaltlosen, befreienden Gott beglaubigte? Der Überlieferung nach war sich sogar Moses angesichts des befreienden Gottes unsicher, ob er immer und auf Dauer bei seinem Volke bleiben würde, und bat ihn darum: »Laß mich doch deine Herrlichkeit schauen!« Dieses Flehen des Mose, Gott zu sehen, bleibt nach der Erzählung des Buches Exodus nicht unbeantwortet. In der Übersetzung Martin Bubers und Franz Rosenzweigs lautete die Antwort folgendermaßen:

»Ich selber will vorüberführen / all meine Güte / an deinem Antlitz: daß ich begünstige, wen ich begünstige / daß ich mich erbarme, wes ich mich erbarme. / Er sprach: Mein Antlitz kannst du nicht sehen / denn nicht sieht mich der Mensch und lebt. / Er sprach: / Hier ist Raum / bei mir / du stellst dich auf den Fels / es wird geschehn / wann meine Erscheinung vorüberfährt / setz dich in die Kluft des Felsens / und schirme meine Hand über dich / bis ich vorüberfuhr / Hebe ich dann meine Hand weg / siehst du meinen Rücken / aber mein Antlitz ward nicht gesehen.«[56] (Ex 33,19–23)

Man glaubt heute zu wissen, daß diese Passagen der Redaktion des sogenannten »Jahwisten« bzw. »Elohisten« entstammen[57], eines Schriftenkanons, der – möglicherweise sogar von einer Frau[58] – am judäischen Hof im späten 8. Jahrhundert, nach der Zerstörung des Nordreichs verfaßt wurde.[59] Unter der Voraussetzung,[60] daß jene Passage weit mehr als hundert Jahre nach dem Errichten der goldenen Kälber in Nordisrael verfaßt wurde und daß die entsprechenden Erzählungen über Moses und Aaron, über das Goldene Kalb und Gottes Zorn zu einer Zeit verfaßt wurden, als die goldenen Kälber in Nordisrael noch standen, besteht heute weitgehend Einigkeit darüber, daß die goldenen Kälber in Nordisrael nicht Gott selbst abbilden sollten, sondern eher als sichtbare Throne Gottes angesehen wurden, gerade so wie auch niemand dem Gott Israels eine Engelsgestalt zuschrieb, weil die Bundeslade von Cherubim geschmückt wurde.[61] Jener Autor, der in der quellenkritischen Tradition stets als E bezeichnet wird, ein Autor, dem wir sowohl die Geschichten über Aaron und das goldene Kalb aus dem Buch Exodus verdanken als auch jene frappierende Selbstaussage Gottes dem Mose gegenüber, wird von einem Bibelwissenschaftler als zorniger Angehöriger einer enteigneten Priesterkaste dargestellt.

»Und wenn er beschreibt«, so R. E. Friedman über seinen Helden E, »wie Mose mit dem Goldenen Kalb umging, so hätte er wohl selbst gern das Gleiche mit den Kälbern von Dan und Bet-El gemacht: sie im Feuer schmelzen, sie zu Pulver zermalmen.«[62]

Ein Teil der alttestamentlichen Forschung geht heute davon aus, daß die Ursprünge des radikalen israelitischen Monotheismus, der »Jahwe-allein-Bewegung« nach dem Untergang Israels von Flüchtlingen aus dem Nordreich, in Judäa und am judäischen Hof propagiert wurden. Die Erfahrung der Zerstörung Israels durch die Assyrer ließ sich als Folge des Abfalls Israels von dem alleinigen Gott deuten.[63]

Angesichts dieser Krisen- und Untergangserfahrung artikulierten die Propheten den Glauben an einen gestaltlosen geschichtsmächtigen Gott, dem es um Gnade und Barmherzigkeit ging und der deswegen auf seiner Einzigartigkeit, seiner Bundestreue und der Bundestreue Israels beharrte. In diesem Glauben stehen Bilderlosigkeit hier sowie Barmherzigkeit und Gerechtigkeit dort wechselseitig füreinander ein. Die Stiftung der Buchreligion in Verbindung mit dem Bilderverbot und einem intensiven, ethisch grundierten Wortgottesdienst, der vor allem in der Diaspora gepflogen wurde, übte in der Antike nicht wenig Faszination aus – eine Faszination, der auch Menschen erlagen, die keineswegs der jüdischen Ethnie angehörten.

Eine ernsthafte, systematische Herausforderung dieser von der hellenistischen Antike zwar oftmals als gottlos angesehenen, aber doch in der Regel geduldeten Religion erwuchs ihr erst in ihrer wichtigsten Tochterreligion, dem Christentum, das den Anspruch erheben sollte, das Bilderverbot bei voller Wahrung des monotheistischen Grundgedankens zu überwinden. Im frühmittelalterlichen Christentum wird es um nicht mehr und nicht weniger gehen als darum, den einen Gott wieder – gerade wie es Hekataios von Abdera im dritten Jahrhundert vor der Zeitrechnung bemerkt hatte – dem Anthropomorphismus unterzuordnen.

Die ersten Christen, die mit dem Apostel Paulus glaubten, daß der von Gott aus dem Tode erweckte Jesus von Nazareth, ihr Kyrios, ihr Mittler zu Gott sei, welcher Gnade, Rechtfertigung und ewiges Leben garantiere und damit Gott selbst immer näher rückte, waren, was die Abbildung Gottes oder auch nur Jesu anging, ganz von jüdischem Geist erfüllt. Die Apostelgeschichte berichtet, wie Paulus in Athen auf dem Areopag den Griechen verkündete: »So [...] sollen wir nicht meinen, die Gottheit sei gleich den goldenen, silbernen oder steinernen Bildern, durch menschliche Kunst gemacht« (Apg. 17,29). Ansonsten macht sich Paulus in seiner Verkündigung selbstverständlich all jene Argumente zu eigen, die das hellenistisch gebildete, monotheistische Judentum gegen Götzendiener aller Art aufbot, so in der nicht kanonisierten »Weisheit Salomos« oder bei dem Philosophen Philo von Alexandrien, der etwa zur Zeit des Paulus wirkte.[64] In dieser Bildungswelt gilt es als unsinnig und erniedrigend, Dinge anzubeten, die man selbst gefertigt hat. Nicht anders argumentierte später das rabbinische Judentum im babylonischen Talmud.[65] Die ersten Christen jedenfalls, die Gott wie der Evangelist Johannes als Geist im Geist und in der Wahrheit anbeten wollten (Joh. 4,24), hatten – wie Paulus – für die Bilderverehrer nur Hohn und Spott übrig. Im Römerbrief hält der Apostel gerade ihnen eine irregeführte Weisheit vor: »Da sie sich für weise hielten, sind sie zu Narren geworden und haben verwandelt die Herrlichkeit des unvergänglichen Gottes in ein Bild dem eines vergänglichen Menschen und der Vögel und der vierfüßigen kriechenden Tiere« (Rö. 1,22) – eine Passage, die unmittelbar auf die jüdische Tora, auf das Deuteronomium zurückweist, dem sich Paulus als ehemaliger Pharisäer stets verpflichtet sah. Paulus verwendet hier – dies ist für spätere Debatten bedeutsam – für »Bild« den Begriff »eikon«.

Die allmähliche Rücknahme des alttestamentlichen Bilderverbotes durch die frühe Kirche, die Abwertung der Schrift zugunsten des Bildes geht auf eine Theologie der Sprache, eine Theologie des Wortes Gottes zurück, in deren Umkreis die alte Spannung zwischen Wort und Schrift, zwischen unvordenklichen, raum- und zeitübergreifenden Zeichen und situationsgebundener Rede wieder aufbricht. »Denn der Buchstabe tötet, aber der Geist macht lebendig« (2. Kor. 3,6), heißt es im Zweiten Brief des Paulus an die Korinther – eine Aussage, die ein Grundthema der platonischen Philosophie, d. h. des philosophischen Monotheismus, wieder aufnimmt. Erwuchs die Stiftung der Buchreligion am Hofe Josijas noch aus der Spannung von unvordenklichem Text und gemeinsam vollzogenem Versprechen, so wird das Christentum der späten Antike diese Spannung zuungunsten des Textes revidieren, um endlich bei der bildhaften Fixierung des göttlichen Wortes anzukommen.

Zur Erhellung dieses Prozesses ist eine Bemerkung zu Platons und der Platoniker Theorie der Schrift unumgänglich.

»Wer also eine Kunst in Schriften hinterläßt und auch wer sie aufnimmt«, läßt Platon im Dialog Phaidros den Sokrates sagen, »in der Meinung, daß etwas Deutliches und Sicheres durch die Buchstaben kommen könne, der ist einfältig genug und weiß in Wahrheit nichts von der Weissagung des Ammon, wenn er glaubt, geschriebene Reden wären sonst noch etwas als nur demjenigen zur Erinnerung, der schon das weiß, worüber sie geschrieben sind [...]. Denn dieses Schlimme hat doch die Schrift, Phaidros, und ist darin ganz eigentlich der Malerei ähnlich: Denn auch diese stellt Ausgeburten hin als lebend, wenn man sie aber etwas fragt, so schweigen sie gar ehrwürdig still. Ebenso auch die Schriften. Du könntest glauben, sie sprächen, als verstünden sie etwas, fragst du sie aber lernbegierig über das Gesagte, so enthalten sie doch nur ein und dasselbe stets. Ist sie aber einmal geschrieben, so schweift auch überall jede Rede gleichermaßen unter denen umher, die sie verstehen, und unter denen, für die sie sich nicht gehört, und versteht nicht, zu wem sie reden soll und zu wem nicht. Und wird sie beleidigt oder unverdienterweise beschimpft, so bedarf sie immer ihres Vaters Hilfe; denn selbst ist sie weder imstande sich zu schützen noch sich zu helfen.«[66]

Platons Einwände gegen die Schrift bestehen aus vier Argumenten:

Erstens täuschten geschriebene Worte Deutlichkeit und Sicherheit in der Sache nur vor, während sie in Wahrheit allenfalls Gedächtnisstützen für das sind, was jemand schon weiß.

Zweitens teile die Schrift mit den Bildern den Schein, sie seien dialogischer Art, während sie doch in Wahrheit schweigen bzw. einen einmal fixierten Sinn immer nur wiederholen.

Drittens seien geschriebene Worte wehrlos und wahllos den Meinungen und Mißverständnissen Dritter ausgesetzt und generieren dabei beliebigen Sinn, nicht aber den, den ein Sprecher intendierte.

Viertens enthalte das geschriebene Wort keine genauen Adressaten und provoziere damit die Meinungen jener, denen es an und für sich gar nicht zukommt, sich über die entsprechenden Worte zu äußern.

Platon hält dem geschriebenen Wort gleichzeitig Fruchtlosigkeit, Unveränderlichkeit, Mißverständlichkeit und Kontextlosigkeit vor. Angesichts des Primats eines inneren, höheren Wissens und der ihm korrespondierenden lebendigen Bewegung der Sprache erscheint die Schrift tot und allenfalls als Dienerin, ohne jede originäre Bedeutung. Platons Wertungen sind das eine, seine Analysen ein anderes. Denn genauso gut ließe sich das, was Platon an der Schrift als negativ bewertet, auch positiv ausdrücken. Demnach zeichnete sie sich durch Authentizität, Konstanz, Interpretierbarkeit und Universalität aus. Wenn diese positiven Umdeutungen von Platons Kritik der Schrift in gewisser Weise widersprüchlich sind, so gilt dies mindestens so sehr für seine eigenen Charakterisierungen. Der Schrift einerseits vorzuwerfen, gegenüber dem Gedanken nichts Neues zu erbringen und sich dem Dialog zu versagen, ihr andererseits aber vorzuhalten, beliebig deutbar zu sein, erscheint mindestens uns unschlüssig. Aus alledem geht lediglich hervor, daß Platon sprachlichen Sinn an kontextuierte und adressierte dialogische Äußerungen bindet. Ob ihm der Widerspruch aufgefallen ist, das eigene Werk aufgeschrieben zu haben? Daß vernünftige und einsichtige Menschen ihre Erkenntnisse allenfalls spielerisch dem Medium der Schrift anvertrauen, scheint die Lösung dieses Widerspruches zu sein. Platon vergleicht ironisch Bauern und Schreibkünstler.

»Nicht zum Ernst also wird er sie [die Erkenntnisse, M. B.] ins Wasser schreiben, mit Tinte sie durch das Rohr aussäend mit Worten, die doch unvermögend sind, sich selbst durch Rede zu helfen, unvermögend aber auch, die Wahrheit hinreichend zu lehren? Freilich nicht, sondern die Schriftgärtchen wird er nur Spieles wegen, wie es scheint, besäen und beschreiben. Wenn er aber schreibt, um für sich selbst einen Vorrat von Erinnerungen zu sammeln auf das vergeßliche Alter, wenn er es etwa erreicht, und für jeden, welcher derselben Spur nachgeht: so wird er sich freuen, wenn er sie zart und schön gedeihen sieht; und wenn andere sich mit anderen Spielen ergötzen, bei Gastmählern sich benetzend und was dem verwandt ist, dann wird jener statt dessen seine Rede spielend durchnehmen.«[67]

Während so dem Schreiben wiederholt das Verdikt der Sinnlosigkeit entgegengehalten wird, wird ihm in einem weiteren Durchgang ein gleichsam kindlich selbstzweckhafter Charakter attestiert, um schließlich in seiner Hauptfunktion, der Erinnerung, benannt zu werden. Auch hier ist zwischen Platons Analyse und seiner Bewertung zu unterscheiden: Dem Schreiben eignet über die oben genannten Eigenschaften hinaus noch ein künstlerischer Charakter im Dienst des Erinnerns. Die Buchstaben werden dem Samen gleichgesetzt, der ausgesät wird und bei dem nicht vorhersagbar ist, welche Frucht er wo tragen wird, eine Frucht, die sich sowohl auf gedankliche Inhalte bezieht, als auch eine eigene körperliche Gestalt hat.

Damit hat Platon längst ex negativo vorweggenommen, was die postmoderne Theorie der Schriftlichkeit etwa bei Derrida entfaltet hat. Störend und irritierend an den geschriebenen Texten ist ihre Interpretierbarkeit: ihre vermeintliche Konstanz, die doch beliebige Erinnerungen evozieren kann und der der Ernst des direkt adressierten Wortes fehlt. Womöglich bringt Platon Schrift und Schreiben nur jenes begründete Mißtrauen entgegen, das anderweitig den Verfälschern des gesprochenen Wortes, den Sophisten, galt. Platon jedenfalls sieht auch sein eigenes Anliegen am ehesten im unmittelbaren, im gesprochenen Wort gewährleistet. Im siebten Brief nach Sizilien erklärt er in aller Deutlichkeit, daß seine Lehre der Schriftlichkeit genaugenommen nicht bedürfe:

»Es gibt ja auch von mir darüber keine Schrift und kann auch niemals eine geben; denn es läßt sich keineswegs in Worte fassen wie andere Lerngegenstände, sondern aus häufiger gemeinsamer Bemühung um die Sache selbst und aus dem gemeinsamen Leben entsteht es plötzlich – wie ein Feuer, das von einem übergesprungenen Funken entfacht wurde – in der Seele und nährt sich dann schon aus sich heraus weiter...«[68]

Das gemeinsame Interesse an der Sache, das aktualisierende Gespräch um das Wahre, dessen Ergebnisse sich nicht fixieren lassen, sind für Platon das Movens philosophischer Wahrheit. Ein immer wiederholtes Klischee schreibt dem biblischen Denken eine Orientierung an Sprechen und Hören zu, während sich das griechische Denken an der Schau, am Sehen ausgebildet habe. Platons Überlegungen zeigen, daß diese schlichte Dichotomie falsch ist und daß das »griechische Denken« dem, was Spätere als die Sprachförmigkeit biblischer Erfahrungen behauptet haben, sehr viel näher liegt als vermutet.

»Wenn ich jedoch die Ansicht gehabt hätte«, resümiert Platon, »es könne für weite Kreise hinreichend geschrieben und gesagt werden, was hätte ich dann Herrlicheres tun können in meinem Leben, als dies niederzuschreiben zum großen Nutzen für die Menschheit und allen die wahre Natur ans Licht zu ziehen? Doch ich meine, daß für die Menschen ein Versuch damit in der beschriebenen Art nicht gut wäre, außer für einige wenige, die es jedoch auch selbst nach wenigen Hinweisen herausfinden könnten.«[69]

Doch Platons ausdrückliche Kritik des Aufschreibens der Rede kann nicht verbergen, daß auch er nicht um die grundsätzliche Schriftlichkeit von Rede und Erkenntnis herumkommt. Zumal seine Theorie von Erkenntnis und Erinnerung mit Metaphern operiert, die der Welt des Schreibens entnommen sind und weiter nichts belegen, als daß auch die Theorie des individuellen Gedächtnisses im Bilde des kulturellen Gedächtnisses modelliert ist. Darüber hinaus kann Platon mit seiner Metaphorik als erster Gewährsmann für eine Ansicht stehen, die die Schriftlichkeit als Erkenntnisprinzip jeder einzelnen Erinnerung systematisch vorordnet.

»Das mit den Wahrnehmungen zusammentreffende Gedächtnis und was sonst zu diesen Zuständen gehört, scheinen mir dann in unsere Seelen gleichsam Reden einzuschreiben; und wenn sie richtig geschrieben haben, dann ist dieses Ereignis eine richtige Vorstellung, und es gehen daraus richtige Reden in uns hervor, wenn aber dieser Schreiber bei uns Falsches schreibt, so entsteht das Gegenteil von dem Richtigen.«[70]

Daß der richtig geschriebene Text hier zum Garanten auch der richtigen Erinnerung wird, muß nicht weiter verwundern – der Philosoph der ewigen Ideen hielt sich auch in seiner Metaphorik an die lebensweltlichen Entsprechungen für das, was man als dauerhaft hielt. Anders als bei der flüchtigen Kreativität des Gesprächs, ist beim individuellen Gedächtnis sofort deutlich, daß es – sofern es wahr sein soll – auf Ewigkeit gestellt ist. Die Wahrheit der Worte und die Angemessenheit der Erinnerung hängt somit von der Fixierung der Phänomene in der Seele ab, freilich: die Schreibtafel ist hierzu nicht das einzige Modell. Wort und Gedächtnis sind von Schrift und Bild abhängig: »So nimm dann auch an, daß noch ein anderer Meister sich zu derselben Zeit in unseren Seelen befindet [...]. Ein Maler, der nächst dem Schreiber des Gesprochenen die Bilder davon in der Seele zeichnet.«[71]

Schrift und Bild stehen so für die Ewigkeit – während das gesprochene Wort für die verfließende, lebendige Zeit zuständig ist.

War Platons paradoxe Kritik der Schrift mitsamt ihrer ebenso paradoxen Auszeichnung der Schriftlichkeit des Gedächtnisses auch jenen zugänglich, die wie die Juden im antiken Hellenismus darum bemüht waren, sowohl den fixierten biblischen Schriften als auch der für sie beinahe selbstverständlichen Philosophie die Treue zu halten?

Mit Philo von Alexandrien (20 v. der Zeitrechnung bis 50 nach der Zeitrechnung), einem Philosophen, dem es als orthodoxem Juden um eine im Sinne des Platonismus gestimmte Auslegung der Bibel ging, tritt eine Gestalt ins Blickfeld, die nicht nur dem Christentum wesentliche Denkanstöße gegeben hat. Philo von Alexandrien, der – nach allem, was wir wissen – trotz seiner Zeitgenossenschaft vom frühen Christentum nicht die mindeste Kenntnis hatte, entwarf unabhängig davon eine Lehre vom Logos als Sohn Gottes.[72] Darüber hinaus begründete Philo die Methode der allegorischen Bibelinterpretation. Er setzte im Unterschied zur platonischen Philosophie jedoch nicht alleine auf die Kraft der Spekulation zum Erfassen der Wahrheit, sondern beharrte als frommer Jude auf der Vorrangigkeit der von Gott offenbarten Schrift. Als Glaubender mißtraute Philo der eigenen Vernunft und erkannte, daß sie in ihrer vermeintlichen Autonomie fehlerhaft und in ihrer Wahrheit alleine von Gott abhängig sei. Daß die Wahrheit Gottes nicht das Ergebnis menschlicher Willkür war, sondern gleichsam objektiv wirkte, lag nicht zuletzt an ihrer Schriftlichkeit. Die fünf Bücher Moses genießen bei Philo nicht nur das Ansehen hohen Alters – damals, anders als heute, gerade ein Ausweis von Wahrheit –, sondern enthalten als göttliche Bücher zugleich den inneren Sinn jener Gedanken, zu dem die Philosophie durch eigene Anstrengungen kommt. Daß diese Wahrheit – allegorisch angemessen entschlüsselt – in der Schrift aufgefunden werden kann, wird so zum Hinweis auf die systematische Vorrangigkeit der Schrift. In Verbindung mit der biblischen Lehre von der präexistenten Weisheit, wie sie im Buch der Sprüche entfaltet wird, und der frühpharisäischen Lehre von der Identität von Weisheit und Tora bei Jesus Sirach (Sir. 24,23) gewinnt Philos Lehre von den fünf Büchern Mosis den Charakter einer Theologie der Schrift. Der Schöpfung ging eine geschriebene Tora voraus, die Welt hängt von einem göttlichen Urtext ab. Platons unfreiwillig eingeräumter transzendentaler Begriff der Schrift wird so durch den Glauben an ein der Schöpfung vorausgehendes Buch überboten.

Demgegenüber betonte das frühe Christentum – etwa im Evangelium des Johannes – eher den Gedanken, daß Gottes Eigenstes sein Wort sei. Daß dieses Wort in Jesus von Nazareth Mensch geworden und durch seinen Tod zum Erlöser geworden sei, war der Glaube, der die ersten Theologen des Christentums, vor allem Paulus, bewegte. Die Lehre vom erlösenden auferweckten Herrn und Messias Jesus, dem Kyrios Christus Jesus, wurde von der Kirche im Lauf der nächsten vier Jahrhunderte bekanntlich zum Dogma erhoben. Danach sei der Kyrios der ewig eingeborene wesensgleiche Sohn Gottes, der in Gestalt Jesu wahrer Mensch wurde, ohne darum aufzuhören, wahrer Gott zu sein. Die Ausbildung der Trinitarischen Lehre führte bald, im 2. Jahrhundert, zu einer gewissen Aufweichung des Bilderverbots – so unterschied schon der Kirchenvater Klemens von Alexandrien zwischen dem von Menschenhand geschaffenen »eidolon« und dem von Gott geprägten »eikon«. Beim Nachvollzug dieser Argumente ist stets in Erinnerung zu rufen, daß die christliche Philosophie sich ebenso selbstverständlich der platonischen Philosophie bediente wie Philo. Für die

Aufhebung des Bilderverbots war die Unterscheidung von Urbild (Typos) und Abbild (Eidolon) von zentraler Bedeutung. Unabhängig von derlei Spekulationen bekämpfte die frühe Kirche jedoch auf ihren frühen Konzilien, etwa in Elvira im Jahre 306, aber auch in ihren Ketzerfeldzügen, die Abbildung des Christus. Der Kirchenvater Tertullian schrieb ein spezielles Buch gegen den Götzendienst, *De idolatria*, während der Bischof Epiphanios von Salamis Ende des 4. Jahrhunderts sogar in Dorfkirchen einschlägig bemalte Vorhänge herunterriß und erklärte: »Wer von den alten Vätern hätte ein Bild Christi gemalt in der Kirche oder im eigenen Hause oder an den Türvorhängen angebracht? Wer von den alten Bischöfen hätte Christus damit entehrt, daß er ihn malen ließ?«[73]

Der Kampf gegen die Bilder schien jedoch in dieser Radikalität vergebens – sei es, daß wenigstens Heilige abgebildet wurden oder daß die Bilder als biblia pauperum mindestens als pädagogische Hilfsmittel für jene legitimiert wurden, die – des Schreibens unkundig – nicht in den Schriften lesen konnten. Die die ganze späte Antike durchziehende Polemik zwischen Judentum und Christentum gab dem streng monotheistischen und bilderfeindlichen Judentum, das sich allenfalls bildliche Symbole in den Mosaiken von Synagogen, aber niemals Abbildungen Gottes[74] gönnte, in der Auseinandersetzung mit dem Christentum einen argumentativen Vorteil, wenn es auf die Verletzung der von Christen selbst beglaubigten Prinzipien hinweisen konnte. Entsprechend schlug christliche Apologetik bald in antijüdische Polemik um. Bischof Leontios von Neapolis auf Zypern argumentierte im 7. Jahrhundert mit jener Passage aus dem Buch Genesis (Genesis 1,26f.), in der es heißt, daß die Menschen nach dem Bilde Gottes geschaffen worden seien.[75] Spätestens am Ende des 7. Jahrhunderts schlug dann in der Christenheit das Pendel endgültig in die entgegengesetzte Richtung, kehrte sich das Christentum von seiner jüdischen Wurzel ab und übernahm jene Bilderverehrung, die zuvor anerkanntermaßen bekanntestes Merkmal des römisch-heidnischen Staates gewesen war.[76] Das Konzil von Trella im Jahre 691/692 ging noch einen Schritt weiter, als es selbstbewußt forderte, daß der in Jesus zum Menschen gewordene rettende Gott nicht nur allegorisch, sondern in menschlicher Gestalt abgebildet werden solle: »Damit das Vollkommene auch durch die Malerei den Augen aller Menschen vorgelegt wird, bestimmen wir, daß von jetzt ab auch in den Bildern das Kennzeichen des Lammes Gottes, Christus, der die Sünden der Welt trägt, in menschlicher Gestalt an Stelle des alten Lammes dargestellt werde. Durch diese Darstellungsweise soll die Größe der Erniedrigung des Gott Logos erkannt werden.«[77] Bei alledem muß man sich vor Augen halten, daß im gleichen geographisch-politischen Raum der Islam seinen Siegeszug antrat, also die letzte Frucht spätantiker Religionsbildung, die auf der Basis des biblischen Monotheismus mit dem Qurân den Gedanken der Buchreligion eines gestaltlosen Gottes konsequent zu Ende führte. Vor diesem Hintergrund mußte es einem Skandal gleichkommen, als der 717 zum Kaiser gekrönte und bei der Abwehr der Araber erfolgreiche Feldherr Leon III. im Jahre 726 das Bild Christi an der Bronzetür des kaiserlichen Palastes in Byzanz entfernen ließ.[78] Der Skandal in dem sich gegen die arabischen Muslime verteidigenden Byzanz muß um so stärker gewesen sein, als der Kalif Jezid II. – wahrscheinlich im Jahre 700 – in allen Moscheen die Bilder untersagte und dies Verbot im Jahr 721 auch auf die im muslimischen Bereich liegenden Kirchen ausdehnte.[79]

Die politischen und sozioökonomischen Hintergründe des Ausbruchs des byzantinischen Bilderstreits sind bis heute nicht eindeutig geklärt. Ging es dem aus Syrien stammenden Kaiser darum, wenigstens in religiöser Hinsicht einen Mindestkonsens zwischen Christen, Juden, Muslimen und gnostischen Sekten herzustellen – Religionen, die allesamt auf Bilder verzichten konnten und deshalb keinen Grund mehr hatten, die anstürmenden Araber zu unterstützen? Oder ging es um eine Stärkung der militärischen Zentralgewalt gegen die immer stärker als Staat im Staate auftretenden Mönchsorden? Hatte der Bilderstürmer Leon III. gar selbst Sympathien mit dem Islam – stimmte er doch als erster der Errichtung einer Moschee in Byzanz zu?[80] Ging es am Ende darum, die aus dem Osten stammenden Militärs gegen ihre westlichen Kameraden zu stärken? Der bilderfeindliche Kaiser Leon III., der die Ikonen im ganzen Reich verbieten ließ, regierte von 717 bis 741. Ihm und seiner Politik antwortete der im islamischen Damaskus lebende arabische

Christ, Gelehrte und Priester Johannes (650–750), der um 700 in ein Jerusalemer Kloster eintrat und wahrscheinlich im Jahre 730 *Drei Reden gegen die Bilderschmäher* verfaßte. In diesen Reden liegt die bedeutsamste christliche Theologie des Bildes vor, eine Theologie, die das Kunststück vollbringt, sowohl an der radikalen Negativität und Andersheit Gottes festzuhalten, als auch den Kult von Marienbildern zu begründen.

»Das Göttliche ist«, schreibt Johannes, »unendlich und unfaßlich, und das einzige, was wir an ihm verstehen können, ist seine Unendlichkeit und Unfaßlichkeit. Alles, was wir von Gott positiv aussagen können, betrifft nicht seine Natur, sondern nur das, was seine Natur umgibt. Gott ist nichts von den Seienden, nicht etwa, weil Er nicht das Sein wäre, sondern weil Er über allen Seienden, ja über dem Sein selbst steht. Sein und Erkanntwerden gehören ja derselben Ordnung an; was aber über jedem Erkanntwerden steht, steht ebenso über jedem Sein, und umgekehrt, was über jeder Wesenheit steht, steht über jeder Erkenntnis.«[81]

Diese negative Theologie, die mit der Andersheit Gottes ebenso radikal Ernst macht wie der jüdische Monotheismus, richtete sich programmatisch und direkt gegen jede philosophische Gotteserkenntnis und damit nicht zuletzt gegen die damals wieder weitverbreiteten, als häretisch geltenden gnostischen Glaubenssysteme. Zur Bilderverehrung kommt Johannes auf dieser Basis durch das rational nicht einholbare Glaubensbekenntnis an den Fleisch gewordenen Logos, der die Menschen dem Gesetz und damit der Fehlbarkeit entrissen und der Gnade anheimgestellt habe. Mit Hilfe der neuplatonischen Lehre von Archetypos, Typos und Ikone will Johannes zeigen, wie in jedem Abbild ein seinerseits nicht sinnliches Urbild sichtbar werde. In diesem Sinne habe nach Auskunft des Alten Testaments Gott selbst sich in verhüllter Gestalt, als Abbild etwa dem Jakob gezeigt. Unter Berufung auf den Apostel Paulus, der im Kolosserbrief den Christus Jesus als Ebenbild des unsichtbaren Gottes bezeichnet habe, als eikon tou theou, und unter Bezug auf die Lehre von der Doppelnatur Jesu als wahrer Gott und wahrer Mensch kann Johannes Damaszenus dann folgende Argumente für den Gebrauch von Ikonen ins Feld führen:

»Wenn der Körperlose um deinetwillen Mensch wird, dann

darfst du das Bild seiner menschlichen Gestalt malen. Wenn der Unsichtbare im Fleisch sichtbar wird, dann darfst du ein Bild des sichtbar gewordenen machen. Wenn er, der ohne Gestalt und Grenze, unermeßlich in der Grenzenlosigkeit der eigenen Natur, als Gott existierend, die Gestalt eines Knechts in Wesen und Statur auf sich nimmt, dazu einen Körper aus Fleisch, dann darfst du sein Abbild malen und es jedem zeigen, der es betrachten will. Male die unaussprechliche Herablassung, die Geburt von der Jungfrau, die Taufe im Jordan, die Verklärung auf dem Tabor, die Leidenschaftslosigkeit vermittelnden Leiden, den Tod und die Wunder, die Beweise seiner Gottheit, die Taten, die er im Fleisch durch göttliche Kraft wirkte, das heilbringende Kreuz, das Grab und die Auferstehung und Himmelfahrt – das alles beschreibe, sowohl durch das Wort als auch durch Farben.«[82]

Es sollte nicht unerwähnt bleiben, daß seit Johannes Damaszenus beinahe alle christlichen Befürworter der Bilderverehrung ihre Praxis mit einem antijudaistischen Argument untermauerten: Den Juden gegenüber, die ohnehin zum Götzendienst neigten, sei das Bilderverbot geradezu notwendig. Anders als die Juden aber wußten sich jene Christen, die Bilderverehrung befürworteten, auch jener Gnade teilhaftig, die von allen alttestamentlichen Geboten im Prinzip befreite.

Im Jahre 787 schließlich wurde auf einem Konzil in Nicäa, an eben jenem Ort, an dem im Jahre 325 die Dreifaltigkeitslehre zum Dogma erklärt wurde, die Anbetung der göttlichen Personen in den Bildern zum Dogma erhoben, denn: »je öfter man sie in den Bildern anschaut, desto mehr werden die Betrachter zur Erinnerung an die Urbilder und zum sehnsüchtigen Verlangen nach ihnen angeregt, ihnen Gruß und ehrbietige Verehrung entgegenzubringen, nicht aber die unserem Glauben entsprechende wahrhaftige Anbetung...«[83]

Der byzantinische Bilderstreit dauerte mehr als einhundert Jahre und flammte zu Beginn des 9. Jahrhunderts erneut auf, um in einen Bürgerkrieg zu münden, der schließlich im Jahre 843 endgültig beigelegt wurde. Den bilderstürmenden, meist militärischen Kaisern war es stets – im Gegensatz zu ihren bilderfreundlichen Rivalen – gelungen, eine starke Militärregierung durchzusetzen, eine strenge

Finanzorganisation zu errichten und die Kirche politisch zu kontrollieren.[84] Ihrem politischen Erfolg korrespondierte jedoch eine geistige Niederlage.

Der neuplatonischen Philosophie mit ihrer subtilen Unterscheidung von Urbildern und Abbildern, von Verschiedenheit der Substanzen bei Identität des Wesens war die schlichte Theologie der Ikonoklasten, die zudem durch die tendenziöse Geschichtsschreibung der Sieger verzerrt ist, kaum gewachsen. Dabei waren die Anfragen der Bilderstürmer, die auf einen Unterschied zwischen der göttlichen Schaffung eines Bildes (des Menschen als Abbild Gottes) hier und einem nur künstlichen, von Menschen gemachten Bilde dort zielten[85], keineswegs verächtlich. Sehr schwierig dürfte der Sache nach etwa die Frage zu lösen sein, was denn eigentlich, nimmt man die ungemischte Einheit zweier Naturen in Jesus, einer göttlichen und einer menschlichen, ernst, auf einem Bild eigentlich zu *sehen* ist. Über die Argumente der byzantinischen Ikonoklasten sind wir vor allem aus den Schriften ihrer Gegner vertraut. Üblich war es damals auf Konzilien, die Behauptungen eines vergangenen Konzils, auf dem eine andere Meinung vertreten, verkündet und dogmatisiert wurde, vor der Widerlegung noch einmal ganz oder teilweise zu wiederholen. So geschah es auch auf dem zweiten Konzil von Nikäa im Jahr 787, das die Beschlüsse des bilderstürmenden Konzils von 754 revidierte. Ein zu widerlegendes Argument gegen die Ikonen lautete so:

»Weil er eine Ikone geschaffen hatte, die er ›Christus‹ nannte. Aber ›Christus‹ ist der Name Gottes so gut wie der eines Menschen. Entsprechend, zusammen mit der Beschreibung erschaffenen Fleisches, hat er entweder den unumschreibbaren Charakter der Gottheit umschrieben, gemessen an dem, was seiner eigenen Nichtigkeit gut erschien, oder er hat die unvermischte Einheit vermischt und ist dabei der Ungerechtigkeit der Vermischung anheim gefallen. Damit, mit der Umschreibung und mit der Vermischung der Naturen hat er die Gottheit gelästert. Derjenige, der die Ikonen verehrt hat, ist für die nämlichen Gotteslästerungen verantwortlich. Beide sind gleichermaßen verdammt, weil sie mit Arius, Dioskuros und Eutyches, und mit der Häresie Kopflosen geirrt haben.«[86]

Die Argumente, die im Bilderstreit pro und contra bemüht wurden, orientierten sich an den Debatten über die in Jesus vorhandenen Naturen, d. h. an der Frage, ob in Jesus zwei Naturen, eine göttliche und eine menschliche unvermischt, aber nebeneinander existierten, oder ob Jesus *eine* gottmenschliche Natur repräsentiert habe. Zudem ging es stets um das Verhältnis von göttlichem Ur- und menschlichem Abbild derart, daß ersteres nicht, letzteres aber sehr wohl darstellbar sei. Einschlägige Widerlegungen hörten sich dann so an:

»Um auf den Namen ›Christus‹ zu sprechen zu kommen, der ein Hinweis auf die Göttlichkeit sowohl wie auf die Menschlichkeit ist, die beiden vollkommenen Naturen des Retters. Christen wurden gelehrt, die Ikone der Natur gemäß abzubilden, gemäß derer er sichtbar gewesen ist, nicht gemäß jener, dergemäß er unsichtbar war. Schließlich haben wir im Evangelium gehört, daß niemand jemals Gott gesehen hat. Daher ist es offensichtlich – da Christus seiner menschlichen Natur gemäß abgebildet worden ist, wie die Wahrheit es gezeigt hat, die Christen bekennen – daß das, was die Ikone mit dem Archetypus gemeinsam hat, nur der Name, nicht das Wesen ist.«[87]

Diese heute bizarr anmutenden Argumentationen traktieren in theologischer Sprache ein Thema, das in der Theorie der bildenden Kunst bis heute ungelöst geblieben ist und als »Realismusproblem« nach wie vor Rätsel aufgibt. Was ist ein Bild, und was heißt es, etwas, das nicht im Bild ist, abzubilden? Welche Beziehungen herrschen zwischen Bild und Abbildung? Handelt es sich um Ähnlichkeitsbeziehungen, so daß jedem Merkmal des »wirklichen« Dings ein Merkmal auf der Abbildung entspricht? Und was ist mit Bildern, die Dinge zeigen, die es gar nicht gibt? Sind sie dann noch Abbilder? Wenn ja, von was? Wenn nein, was sind sie sonst – worin besteht der Unterschied zwischen Bildern und Abbildern? Auch ein »unrealistisches« Bild ist ein Bild von etwas, aber von was? Oder sollten Bilder denkbar sein, die sich nur selbst repräsentieren? Sind sie dann noch ein Bild oder eine eigene Wirklichkeit? Würde eine genaue Begriffsanalyse helfen, die uns darüber aufklärt, daß wir unter einem Bild zweidimensional wirkende Gegenstände verstehen, die figürliche Formen auf ihrer Oberfläche aufweisen? So daß diese Gegenstände durchaus eine eigene Wirklichkeit zeigen, die kein Abbild von irgend etwas ist? Die Frage, was Ikonen, die den Gottmenschen Christus zeigen, wirklich zeigen; was auf ihnen zu sehen ist, wenn es um die Darstellung von etwas geht, das per definitionem nicht abbildbar ist, hat die spätantike Zweinaturenlehre mit den Mitteln einer Substanzmetaphysik zu beantworten gesucht. Die Widersprüche, auf die sie dabei immer wieder gestoßen ist, waren schließlich mit strikt theoretischen Mitteln nicht mehr zu beheben – endlich erwies sich, daß die Glaubensaussagen den jeweiligen Argumentationen stets voraus waren und daß das Dogma denn doch dem Willen zu einer bestimmten religiösen Form folgte. Wie ein Christentum, das sich im 8. Jahrhundert zur radikalen Bilderlosigkeit bekehrt hätte, heute aussehen würde, wissen wir nicht. Daß es dem Islam sehr ähnlich sähe, scheint gewiß. Mehr noch: Erst der Ausgang des byzantinischen Bilderstreits zugunsten der Ikonen hat jene historische Gestalt geschaffen, die wir als Christentum, als christliche Kultur kennen. Das Auseinandertreten von Christentum und Islam und damit beider Konstitution als eigenständige religiöse Kulturen hat sich erst damals ereignet. Mit den Debatten des Zweiten Konzils von Nikäa jedenfalls war das Problem des Bilderverbots im Christentum fürs erste abgeschlossen – in Zukunft konnte es nur noch darum gehen, die im Prinzip akzeptierten Bilder Christi vor dem Mißbrauch zu schützen, als Fetische verwendet zu werden. An diesem Punkt setzte sechshundert Jahre später die Reformation ein.

Die Bilder des Herzens

Die schweizerischen Reformatoren Zwingli und Calvin standen in dieser Hinsicht sowohl gegen Luther als auch gegen die katholische Kirche. Jean Calvin ließ in seiner erstmals 1536, dann erweitert 1550 publizierten *Institutio Christianae religionis* keinen Zweifel an seiner radikalen Ablehnung aller Bilder. Für Calvin war der Wunsch, Gott in Bildern zu verehren, nichts anderes als ein Zeichen des Unglaubens:

»Der Ursprung des Götzendienstes besteht, wie das Beispiel der

Israeliten zeigt (Ex. 32,2ff.), darin, daß der Mensch nicht glaubt, Gott werde ihm zur Seite stehen, wenn er sich leiblich als gegenwärtig darstellt [...]. Sie wußten wohl, daß Gott sei, und sie hatten ja seine Kraft an soviel Wundern selbst erfahren. Aber sie glaubten nicht, er sei ihnen nahe, wenn sie nicht mit eigenen Augen ein körperliches Merkzeichen seines Angesichts sähen, das ihnen die Leitung durch Gott verbürgte [...]. Auch die alltägliche Erfahrung bezeugt, daß das Fleisch stets unruhig ist, bis es ein Gebild seinesgleichen erhascht hat, dessen es sich als eines Bildes Gottes töricht getrösten könne. Um diesem blinden Gelüste zu frönen, haben die Menschen zu allen Zeiten fast seit Erschaffung der Welt Zeichen errichtet, in welchen sie Gott vor ihren fleischlichen Augen zu schauen wähnten.«[88]

Tatsächlich war die Reformation durch häufige und massive Bilderstürme, zumal gegen Kirchen und Klöster, gekennzeichnet. Indem die Reformatoren politisch gegen Kirchen und Klöster standen, theologisch hingegen dem Wort und dem Geist vertrauten, haben sie von Böhmen bis ins Münsterland, von Genf bis Schottland mit eben jenem Eifer, der schon Josija auszeichnete, die Kirchen gereinigt und aus prunkenden Kathedralen leere Tempel des Wortes gemacht – eine Praxis, die auch vor Altären und Kreuzen nicht haltmachte. Als besonders probates Mittel zur Entmachtung der Bilder galt es, sie insgesamt zwar stehen zu lassen, ihnen aber, wenn es sich um Skulpturen handelte, Kopf und Hände abzuschlagen, um somit ihre Machtlosigkeit zu demonstrieren.

In Straßburg baten die Künstler im Jahr 1525 den Magistrat, ihnen bei Umschulungsmaßnahmen zu helfen – der Bildersturm hatte sie arbeitslos gemacht.[89] Andererseits begründeten auch die Bilderstürmer ihre Aktivitäten oft genug mit sozialen, mit politischen Argumenten. So verteidigte sich 1523 ein gewisser, wegen des Sturzes eines hölzernen Kruzifixes in Stadelhofen angeklagter Klaus Hottinger mit dem Hinweis, daß die Bilder auf Kosten der Armen errichtet worden seien und das Kreuz des Holzes verkauft werden solle, um den Erlös den Armen zukommen zu lassen.[90] Dieses Motiv prägte übrigens die Bilderfeindschaft seit der Spätantike.[91] Ähnliches gilt für herrschaftskritische Motive – repräsentierte ein Bild doch spätestens seit der römischen Kaiserzeit die unmittelbare Präsenz und Geltung eines Rechts, das oft genug als ungerecht erfahren wurde.

Es war wie stets in allen Auseinandersetzungen der Reformation Martin Luther, der mit seinem Radikalismus des Glaubens den Radikalismus von Gerechtigkeit und Befreiung überwinden wollte und deshalb den Bildern gegenüber eine neutrale Haltung einnahm: sie seien weder gut noch schlecht, sondern ein Lehrmittel; Gott sei zwar vor allem im Wort anzubeten, gleichwohl gelte das Bilderverbot schon im Alten Testament nur für die Juden. Zudem weiß der Sprachschöpfer Martin Luther genau, daß die narrative Gestalt des biblischen Wortes immer schon bildhaft geprägt ist, daß also mindestens das geistige Bild aufgrund der Fähigkeiten der menschlichen Vorstellungskraft unvermeidlich ist:

»So weiß ich auch gewiß, daß Gott will, man solle seine Werke hören und lesen, besonders das Leiden Christi. Soll ichs aber hören oder gedenken, so ists mir unmöglich, davon in meinem Herzen kein Bild davon zu machen [...]. Wenn ich Christum höre, so entwirft sich in meinem Herzen eines Mannes Bild, das am Kreuze hängt, ebenso wie mein Antlitz natürlich (ein Bild ent)wirft ins Wasser, wenn ich darein sehe. Wenn es nun nicht Sünde, sondern gut ist, daß ich Christi Bild im Herzen trage, warum sollte es dann Sünde sein, wenn ich es in den Augen habe.«[92]

Luthers Argument ähnelt seiner Struktur nach Platons Theorie des Gedächtnisses, die ja von einem inneren Schreiber und einem inneren Maler ausgeht. Daß das Denken, die Vorstellungskraft, notwendig Bilder evoziert, scheint gedächtnistheoretisch unbestreitbar. Unter dieser – psychologischen – Bedingung, so scheint es, wird das Bilderverbot sinnlos. Wenn Luther psychologisch gesehen recht hat, so zeigt sich aber in systematischer Hinsicht, daß die Frage nach der Richtigkeit des Bilderverbotes, nach der Zulässigkeit von Bildern aufs engste an den christlichen Glauben gebunden ist, daß der Gott Israels in Jesus von Nazareth zum endlichen, sterblichen, leidenden Menschen wurde.

Letzten Endes stellt sich die Frage nach Wahrheit und Falschheit des Bilderverbots immer als die Frage nach der Wahrheit des Christentums. Daß die Wahrheit des Christentums immer mit dem Anspruch auf eine jedenfalls schon teilweise erfahrene Erlösung verbunden ist, war den Juden bekannt, und daß die Welt nicht erlöst ist, gewiß. Indem sie, mit dieser Erfahrung konfrontiert, die Fleischwerdung Gottes als Heilstat verneinten, wurden sie zu Bekennern der Schrift, zu Anklägern einer jeden unerlösten Gegenwart und zu Bekennern des abstrakten, erhabenen Gottes. Dieses praktisch gelebten Bekenntnisses wegen wurden sie von Christen immer wieder mit Haß überschüttet. Dieser Haß war Ausfluß einer voraussetzungsvollen, geistesgeschichtlichen Konstruktion – der christlichen Religion. Sie resultiert aus der Verbindung eines Monotheismus des Wortes als Logos im Sinne der platonischen Philosophie mit einem Sündenbockmessianismus, wie ihn die jüdische Sekte der ersten Christen aufbot. Indem das spätantike Christentum die Glaubenstatsache der Menschwerdung Gottes philosophisch zu erweisen versuchte, brachte es gegen das Judentum den Gott der Philosophen und gegen die Philosophie den Gott Israels ins Spiel. Die Auflösung der Spannung zwischen den beiden wesentlichen Monotheismen der Antike, die beide einen gestaltlosen Gott postulierten, bestand in der Bebilderung und Versinnlichung der Heilserfahrung, einem Verfahren, das in beiden Fällen wesentliche Einsichten des antiken Monotheismus dementierte. Eine Religion, die beides beerben wollte, biblische Erfahrung und platonisches Denken, konnte gar nicht anders, als beide Monotheismen in ihrem Kern abzuschwächen und damit wesentlich zu verändern.

Bricht man nämlich die eine Gestalt des Monotheismus im Lichte des anderen, dann erweist sich sofort, daß der Gott Israels mit seinen Leidenschaften, seiner Liebe und seinem Zorn nach Maßgabe des platonischen Monotheismus gerade seine Göttlichkeit verfehlt, während der nur dem Denken zugängliche Gott Platons im Licht biblischen Denkens gerade jener Souveränität und Lebendigkeit ermangelt, die Aussicht auf Hoffnung und Gerechtigkeit bietet. In genau diesem Sinn hat im 17. Jahrhundert der französische Philosoph Blaise Pascal zwischen dem Gott Abrahams, Isaaks und Jakobs hier und dem Gott der Philosophen dort unterschieden.

Darüber hinaus aber hat das Christentum eine weitere, wesentliche Differenz zwischen beiden Monotheismen verdeckt: Der Gott Platons kann – unter Anleitung – von jedem Menschen in kontemplativer Schau selbst erkannt werden, während die Worte und

Taten des Gottes Israels nur in einem Buch nachvollziehbar sind. Platons Gott bedarf einer mystischen Schau, der Gott Israels der getreuen Lektüre.

Bei dieser kontrastiven Betrachtung des jüdischen Denkens und griechischer Philosophie stellt sich die Frage, welche Möglichkeiten ein Denken eröffnet, das sich nicht der Schau eines zeitlosen Seins, sondern dem Lesen der Geschichten und Weisungen eines lebendigen, historisch wirksamen, gleichwohl gestaltlosen und nicht abbildbaren Gottes widmet. Das Judentum als eine Kultur der Schrift und des Lesens sollte eine eigene Lebensform hervorbringen, eine Lebensform, die – um ein Buch zentriert – zwar den Bildern entsagt, aber ansonsten alles andere als abstrakt war. Der Kulturantisemitismus hat bis in unsere Tage hinein Messianismus, Bilderverbot und Diesseitigkeit als die wesentlichen, zersetzenden und Individualität auslöschenden Elemente des Judentums bezeichnet und sich bei dieser verzerrten Lesart vor allem auf den Geist der Propheten, wie sie vom Christentum überliefert wurden, bezogen. Er hat aber auch dort, wo er sich voller Haß und Abscheu auf den Talmud bezogen hat, die wesentlichen Elemente eines Denkens, das sich nicht – dies wäre christlich – ausschließlich auf das Wort, sondern vor allem auf die Schrift bezogen hat, verkannt. Anders nämlich, als Antisemiten und auch Philosemiten aller Couleur meinen, läßt sich das Denken des rabbinischen Judentums weniger als Geschichtsdenken und Messianismus denn als Ethik und Lehre kommunaler Freiheit verstehen. Dies hat in neuerer Zeit als erster Franz Rosenzweig in seinem *Stern der Erlösung* aus dem Jahr 1922 gesehen, wenn er das Christentum als Philosophie der Geschichte, das Judentum aber als Lehre des stehenden, in Gott ruhenden Jetzt charakterisiert:

»Ob Christus mehr ist als eine Idee – kein Christ kann es wissen. Aber daß Israel mehr ist als eine Idee, das weiß er, das sieht er. Denn wir leben. Wir sind ewig, nicht wie eine Idee ewig sein mag, sondern wir sind es, wenn wirs sind, in voller Wirklichkeit.«[93]

Die Wirklichkeit des jüdischen Volks und seiner Kultur der Schrift besteht darin, daß es sich um ein Buch schart und um dessen Auslegung ringt. Aus diesem Ringen um die Schrift resultiert eine Stellung zum Absoluten, die der platonischen Metaphysik strikt entgegengesetzt sind. Wo die platonische Metaphysik auf den Vorrang des Seins vor dem Sollen setzt, beharrt das jüdische Denken orthopraktisch, nicht orthodox, auf dem Vorrang der Ethik vor der Ontologie. An die Stelle des platonischen Theoretikers, der ein absolutes Sein geistig betrachtet, hört der jüdische Gläubige auf eine Weisung, an die Stelle eines nach Übereinstimmungen suchenden Blicks tritt ein zur Tat bereites Hören; wo in der platonischen Metaphysik das Auge regiert, reagiert im biblischen Denken das menschliche Ohr.

»Ich bin der Herr dein Gott, der dich aus dem Ägypterlande, dem Sklavenlande herausgeführt hat. Du sollst keine anderen Götter haben als mich.« (Ex. 20,2–3)

Dieser Gott stellt sich redend als wirklicher, geschichtlicher Befreier vor und stiftet mit der Weisung, keine anderen Götter neben ihm anzubeten, eine persönliche Beziehung zu seinem Volk. In der Folge von Martin Bubers Buch über die *Zwei Glaubensweisen* aus dem Jahr 1956, in dem er die griechische Pistis der jüdischen Emunah, also die spekulative Vermutung dem gläubigen Bestätigen entgegensetzte, hat es sich eingebürgert, Auge und Ohr, höchstes Sein und göttliche Stimme einander entgegenzusetzen. Die daraus entstandene Lehre vom »Hebräischen Humanismus«, der auf Sprache und eben nicht auf Spekulation setzte, baut freilich immer noch auf die Autorität einer unmittelbaren Offenbarung – hier auf das Wort Gottes. Diese Lesart ist aber nicht die des rabbinischen Judentums, das Gottes Wort nur vermittelt kennt.

Es war später die christlich-platonische Spekulation, die dieses Wort Gottes, das ja sofort auf Tafeln geschrieben, dann von Moses zerstört und nochmals auf Tafeln geschrieben wurde, als jenes ewige Wort identifizierte, das – wie auch der alexandrinisch jüdische Philosoph Philo meinte, als rettendes Wort Gottes Sohn war und wie dann die Evangelien meinten – sich im Fleisch erniedrigte und damit die Menschheit rettete. Wo aber die platonische Metaphysik auf die einsame Schau der göttlichen Wahrheit durch die Berufenen setzt, beharrt das rabbinische Judentum auf einem Gott, der sich zu gemeinsamer Interpretation seinen Geschöpfen überantwortet hat. Das Judentum, dem es minder um eine Metaphysik der Sprache denn um eine Lebensform der Schrift ging, kam ohne

Opfertod aus – die befreiende Erniedrigung Gottes geschah durch Interpretation, durch Lektüre.

Freilich: die griechische Meinung, wonach die Juden einen anthropomorphen Gott nicht kannten, konnte sich lediglich auf eine Betrachtung ihres Kultus, nicht ihrer Schriften beziehen. Denn daß der biblische Gott wie ein Mensch handelte, wenn er auch nicht das Aussehen eines Menschen trug, hätte einem Leser der Bibel nicht verborgen bleiben können. Ohne sich ein Bild von Gott zu machen, beteten die Juden zu ihm als einer der Gefühle mächtigen Person. Daß diese Person in ihren Affekten immer auch Stellung zu ihrem erwählten Volk nahm, folgt aus dem leidenschaftlichen Bund, den Gott mit Israel schloß. Daß in dieser Beziehung Zorn und Trauer, Trost und Barmherzigkeit, Liebe und Gnade walteten, davon zeugen die biblischen Schriften ebenso wie Psalmen und Bittgebete. Daß jedoch ausgerechnet zwischen einer so seltenen Gefühlsregung wie dem Lächeln, einem in diesem Zusammenhang so eigentümlichen Affekt wie dem Humor und der Vollendung des Judentums als einer Lebensform der Schrift ein innerer Zusammenhang besteht, soll eine Überlegung zum Lachen, zum Lächeln Gottes und damit zu seinem Antlitz erweisen.

III. Das Lachen Gottes

> Der menschliche Anteil an der Schrift ist der Teil, den man kennt; der göttliche Anteil der, den man nicht kennt.
>
> E. J.

Schamloses Lachen

Daß das Lachen schamlos und roh sei, war hellenistisch gebildeten Menschen selbstverständlich. Das homerische Gelächter jedenfalls, das noch die Epen des 8. Jahrhunderts und die auf ihnen beruhende Bildungstradition bis ins 4. Jahrhundert kannten, war den Gebildeten der hellenistischen Kultur gründlich vergangen. Entsprechend genoß auch die Gelächter provozierende Komödie, die etwa in Athen den jährlichen Zyklus der Tragödien beschloß, theoretisch nicht den besten Ruf. Für Aristoteles jedenfalls geht es – so hat er es in seiner Poetik[94] entfaltet – bei der Komödie zunächst um die Darstellung eines eher unwissenden Menschentypus; sodann darum, diese eher Unwissenden nicht mit jedem Widerfahrnis zu konfrontieren, sondern mit dem Lächerlichen, das seinerseits ein Fall des Häßlichen ist, mit einem Häßlichen also, das wir endlich als jenen Fall von Irrtum ansehen dürfen, der schmerzlos ist und keine Zerstörung provoziert. In der *Rhetorik* entfaltet Aristoteles zudem eine Theorie der Entrüstung im Unterschied zu einer Theorie des Mitleids. Während Mitleid in Fällen unverdienten Unglücks angemessen sei, entstehe Entrüstung anläßlich unverdienten Glücks. Das Lachen wäre somit Ausdruck einer gerechten Entrüstung anläßlich eines Falls von moralisch unverdientem Glück bzw. des ihm entsprechenden unangemessenen Verhaltens – eine seelische Reaktion, die auf Irrtum und Häßlichkeit antwortet, ohne dabei zu schmerzen.[95] Unverdientes Glück, so läßt sich sagen, provoziert seine Empfänger stets zu unangemessenem Verhalten und ist somit Ausdruck einer gestörten Weltordnung.

Diese Theorie des Lachens und des Lächerlichen ist in der klassischen Philosophie Griechenlands lediglich kodifiziert worden. Implizit findet sie sich jedoch auch in den zum Teil drei- bis vierhundert Jahre älteren Texten der Hebräischen Bibel, zumal in den Vätergeschichten. Im Namen eines der Patriarchen, nämlich Isaaks, genauer »Jizchaks«, des Sohns der Sara was wörtlich übersetzt nichts anderes heißt als »der, der Lachen wird«, ist die dafür deutlichste Spur enthalten. Als Gott dem Abraham endlich verkündete, daß seine Frau Sara schwanger sein werde, »fiel Abraham auf sein Gesicht und lachte. Denn er dachte bei sich: ›Einem Hundertjährigen soll noch geboren werden? Und Sara, die neunzigjährige, soll noch gebären?‹« (Gen. 17,17) Auch Sara selbst, der es nicht mehr nach Frauenart ging, lachte, als sie dieser Verkündigung innewurde. Die im Buch Genesis wiedergegebene Geschichte schließt mit einem Disput zwischen Gott, Abraham und Sara über die Angemessenheit des Lachens:

»Da sprach Gott zu Abraham: ›Warum lacht Sara und denkt: ›Soll ich wirklich noch gebären, obwohl ich alt bin?‹ Ist denn für Gott etwas wunderbar? Ich werde im nächsten Jahr um diese Zeit wieder zu dir kommen, dann hat Sara einen Sohn.‹ Da leugnete Sara und sagte: ›Ich habe nicht gelacht.‹ Denn sie fürchtete sich. Er aber erwiderte: ›Doch du hast gelacht.‹« (Gen. 18,13–15)

Der Sinn von Unangemessenheit, der im normalen Menschenverstand Gelächter provoziert, wird so außer Kraft gesetzt, wenn das vermeintlich unverdiente Glück von Gott selbst bewirkt wird. In diesem Fall schlägt dasjenige, was Menschen als dummer Zufall erscheinen mag, in ein respektheischendes Wunder um. Dieses Wunder mag dann Freude bereiten und seinerseits ein nun nicht mehr dummes, sondern dankbares Lachen hervorrufen. Sara jedenfalls blieb ihren Erfahrungen treu und sprach anläßlich der Geburt des verheißenen Sohnes: »Ein Lachen hat mir Gott bereitet. Jeder der es hört, wird mir zulachen.« (Gen. 21,6) Dem Lachen kam und kommt als Übersprungs- und Bewältigungsreaktion bei heiklen Situationen seit jeher eine besondere Rolle und damit eine besondere Nähe zu den in alten Gesellschaften tabuierten Lebensbereichen von Sexualität und Gebären zu. Zumal die kulturellen Darstellungsweisen der weiblichen Geschlechtsorgane in ihrer innigen Beziehung zur Fruchtbarkeit wurden im Mythos immer wieder mit dem Lachen in Verbindung gebracht.[96]

So unterscheidet die für den Zeitraum vom 8. bis zum 6. Jahrhundert datierte Vätergeschichte zwischen einer törichten und einer angemessenen Reaktion auf ein vermeintlich unverdientes Glück. Die rabbinische Tradition erweiterte dies um die Aussage, daß angesichts der Ereignisse um Abraham und Sara Unfruchtbare fruchtbar, Kranke geheilt, Gebete erhört und viel Lachen in der Welt sei.[97]

Trauer, Freude und Nähe

Gemessen an dieser differenzierten Auseinandersetzung mit dem anthropologischen Phänomen des Lachens[98] wirken die Aussagen des sogenannten Prediger Salomonis, einer Schrift, die unter dem Einfluß hellenistischer Popularphilosophie im 3. vorchristlichen Jahrhundert in Palästina entstanden sein dürfte, verengt. In diesem zugleich pessimistischen und hedonistischen, immer jedoch quietistischen Traktat gerät das Lachen zum Ausdruck eines falsch geführten Lebens:

»Besser ist das Betrübtsein als das Lachen; denn bei ernster Miene steht es gut um das Herz.

Das Herz der Weisen ist im Haus, wo man trauert; doch das Herz der Toren ist im Hause der Freude.

Besser ist es, das Schelten des Weisen zu hören, als wenn einer auf das Lied der Toren hört.

Denn wie das Prasseln der Dornen unter dem Kessel, so ist das Lachen des Toren. Auch dies ist Nichtigkeit.

Denn Lachen macht einen Weisen zum Narren, und Freude verliert das Herz.« (Prd. 7,3–7)

Man kann diese Perikopen als einen engagierten und zugespitzten Kommentar zu Aristoteles' Theorie der Komödie lesen. Wo Aristoteles freilich analytisch und deskriptiv Kunstgattungen und Publikumsreaktionen zuordnet, zieht der Prediger eindeutige Konsequenzen. Im Lachen verliert sich der Mensch, geht seines Zentrums verlustig und wird gleichsam zu dem, was Objekt jeder Komödie ist: zu einem eitlen Dummkopf. Darüber hinaus kritisiert der Prediger sogar die Freude selbst. Freudiges Lachen über ein von Gott geschaffenes Wunder ist der durch und durch fatalistischen, einen intervenierenden, den Menschen nahen Gott nicht mehr kennenden Theologie des Predigers so fremd wie nur möglich. Wo Dummheit unverzeihlich und ein persönlicher Gott nicht mehr vorstellbar ist, hat das Lachen keinen Raum mehr. Die von Menschen als heilsam, rettend und tröstend bekannte Nähe Gottes findet in den auf der Hebräischen Bibel beruhenden monotheistischen Religionen – unabhängig davon, ob sie wie das Christentum Gott selbst zum leiblichen Individuum werden lassen – ihren Ausdruck in einer anthropomorphen[99] Sprache, in der Gott zwar nicht als leibliche, sichtbare und endliche Person, aber doch als ein der Gefühle fähiger, beeinflußbarer Akteur erscheint.[100] Die Kluft, die zwischen dem unendlichen Prinzip und Schöpfer hier und den endlichen Menschen dort klafft, wird durch Gotteskonzeptionen geschlossen, die Gott als mitleidenden Befreier und Erlöser darstellen.

In dieser Hinsicht, so scheint es, hat das Christentum mit seiner Doktrin vom leiblichen Tode des göttlichen Sohnes am Kreuz von Golgatha eine nicht weiter überbietbare, radikale Konsequenz gezogen. Die Kluft zwischen Gott und Mensch und die damit einhergehende Ferne und Fremde Gottes ist darin ganz und gar aufgegeben, daß sich Gott in Jesus von Nazareth »unter die Menschen« (E. Jüngel)[101] begeben und seine die Distanz aufhebende Selbsterniedrigung bis in den leiblichen Tod des einzelnen Individuums fortgetrieben hat. Dieser Tod am Kreuz gewinnt Gottes Nähe durch die Trauer des Karfreitag. »Besser«, so hieß es beim Prediger, »ist es in ein Haus zu gehen, wo man trauert, als in ein Haus, wo man feiert.«

Kreuzestod und Auferstehung sind sowohl für das Opfer als auch für die Zeugen auf jeden Fall tragische, aufwühlende, in einem Fall als ambivalent erfahrene Ereignisse – im Matthäusevangelium empfinden die Besucherinnen des leeren Grabes nicht nur Furcht, sondern auch Freude. Lachen ist hier auf keinen Fall am Platz, die Freude hält sich zaghaft in Grenzen. Erst die vollkommene Verlassenheit Jesu am Kreuz, Leiden und Verzweiflung erfüllen seine Menschlichkeit, Endlichkeit und Nähe. Die die Menschen befreiende und tröstende Erniedrigung Gottes faßt das orthodoxe, dogmatische Christentum im Bild eines grauenhaften Todes. Anteil und Rührung, Mitleid und Katharsis werden durch eine tragische Konstellation evoziert – es scheint, als ob die Nähe von Gott und Menschen um keinen geringeren Preis als um den des ungeminderten Ernstes von Todeserlebnis und Trauer zu erreichen ist. Die Nähe Gottes wird im Christentum durch seine freiwillige Selbstaufgabe, seine tragische, selbst übernommene, tödlich endende Ohnmacht am Kreuz gedacht. Sind andere, gleichsam komische Konzeptionen der Gottesnähe denkbar?

Das rabbinische Judentum hat einen entsprechenden Vorschlag gemacht. In einem aggadischen, d. h. erzählenden Text des babylonischen Talmud, der von den sogenannten »Amoräern«, d. h. den Auslegern der im 2. Jahrhundert entstandenen Mischna, wahrscheinlich im Lauf des 3. Jahrhunderts verfaßt wurde, wird Gott erst zu einem Argumentationspartner unter anderen, um endlich über seine Niederlage im Argumentationsspiel zu lachen (lächeln).

»Es wird gelehrt«, heißt es im Traktat »Bawa Mezia« (59a/59b), dem »Mittleren Tor« im Buch »Nesikin« (Schädigungen), das sich mit Problemen des Eigentumsrechts auseinandersetzt:

A. An jenem Tage brachte Rabbi Elieser alle Einwendungen der Welt vor. Aber sie nahmen diese nicht von ihm an. Er sagte zu ihnen: Wenn die Halacha meiner Meinung entspricht, so wird es dieser Johannisbrotbaum beweisen. Da rückte der Johannisbrotbaum hundert Ellen weit von seinem Ort, andere sagen: vierhundert Ellen.

Sie sagten zu ihm: Von dem Johannisbrotbaum bringt man keinen Beweis. Wiederum sagte er zu ihnen: Wenn die Halacha meiner Meinung entspricht, so wird es dieser Wasserlauf beweisen. Da zog sich der Wasserlauf zurück.

Sie sagten zu ihm: Von dem Wasserlauf bringt man keinen Beweis. Wiederum sagte er zu ihnen: Wenn die Halacha meiner Meinung entspricht, so werden es die Wände des Lehrhauses beweisen. Da neigten sich die Wände des Lehrhauses, um einzustürzen.

B. Da bedrohte sie Rabbi Jehoschua und sagte zu ihnen: Wenn Gelehrte miteinander um den Sieg der Halacha ringen – ihr da, was ist denn das für eine Art von euch. Sie stürzten nicht ein wegen der Ehre Rabbi Jehoschuas, und sie richteten sich nicht auf wegen der Ehre Rabbi Eliesers. Und noch immer stehen sie geneigt.

C. Wiederum sagte Rabbi Elieser zu ihnen: Wenn die Halacha meiner Meinung entspricht, so werden sie es vom Himmel her beweisen. Da ging eine Hallstimme hervor und sprach: Was habt ihr mit Rabbi Elieser? Die Halacha ist auf jeden Fall, wie er sagt.

D. Da stellte sich Rabbi Jehoschua auf seine Füße und sagte »Nicht im Himmel ist sie«.[102] Was bedeutet »Nicht im Himmel ist sie«? Rabbi Jirmeja sagte: daß die Weisung schon am Berg Sinai gegeben worden ist. Wir kümmern uns nicht um eine Art Stimme, denn schon am Berge Sinai hast du in die Weisung geschrieben: »Sich zur Mehrheit neigen«.[103]

E. Rabbi Natan traf Elia und sagte zu ihm: Was tat der Heilige, gelobt sei er in dieser Stunde? Er sagte zu ihm: »Er lächelte und sprach: meine Söhne haben mich besiegt, meine Söhne haben mich besiegt.«

Diese Geschichte stellt gleichsam eine komödiantische Szene aus dem großen Welttheater vor, einem Welttheater, in dem Gott und Menschen gleichberechtigt mit ihren je eigenen Mitteln um praktische Wahrheit ringen, und zwar in einem Disput, in dem es um die Angemessenheit einer einmal von Gott erlassenen Norm geht. Die Geschichte zerfällt in vier Teile.

Im ersten Teil wird von den ebenso verzweifelten wie erfolgreichen Versuchen eines einzelnen Diskutanten, Rabbi Elieser, berichtet, seinen skeptischen Diskussionspartnern die Gültigkeit seiner Auslegung durch das Beschwören von Wundern im Bereich des Naturgeschehens anzudemonstrieren.

Dem entgegen beglaubigt im zweiten Teil ein anderer Diskussionspartner die systematische Unabhängigkeit von Argumenten und Ereignissen der physikalischen Welt, indem er darauf hinweist, daß Veränderungen in dieser Welt ihrer eigenen, von den Menschen ganz unabhängigen Gesetzmäßigkeit folgen.

Auf diesen Hinweis antwortet der dritte Teil mit der ausdrücklichen Beschwörung eines – wenn man so will – supranaturalistischen Elements. Mag es bei Veränderungen in der physikalischen Welt tatsächlich strittig sein, ob sie Gott zugerechnet werden dürfen oder nicht – bei von Gott selbst autorisierten und beglaubigten Äußerungen ist dieser Zweifel nicht mehr möglich. Im dritten Teil der Geschichte soll die gleichsam aufklärerische Kritik am magischen Denken durch das programmatische Postulieren einer Offenbarung eingeholt und stillgestellt werden.

Die Möglichkeit, mit den Mitteln der Offenbarungsreligion

praktische Wahrheit zu erweisen, wird im vierten Teil der Geschichte unter Berufung auf die Offenbarungsreligion selbst zurückgewiesen. Der Diskutant, Rabbi Jehoschua, bemüht nun das 5. Buch Mose, wo es in den Versen Kapitel 30,11–14 über die am Sinai verkündete Tora heißt:

»Diese Weisung, die ich dir heute anbefehle, sie ist ja nicht zu schwer für dich und nicht unerreichbar. Nicht im Himmel ist sie, daß du sagen müßtest: wer steigt für uns in den Himmel, um sie uns herabzuholen und zu verkünden, damit wir danach tun? Auch ist sie nicht jenseits des Meeres, daß du sagen müßtest: Wer fährt für uns über das Meer, um sie herbeizuholen und zu verkünden, damit wir danach tun? Vielmehr ist dir das Wort ganz nahe, in deinem Munde und in deinem Herzen ist es, so daß du danach tun kannst.«

Wenn die Tora ein für allemal unter den Menschen, in ihrem Munde und in ihrem Herzen ist, hat sich die Funktion der Offenbarung erschöpft. Das Schicksal der Tora in der Welt entscheidet sich, so kann man diese Geschichte lesen, hernach nicht mehr im Himmel, sondern nur noch auf der Erde. Am Sinai schon hat sich die Offenbarung von Anfang an zurückgenommen.

So wird hier eine zweite Stufe der Rationalisierung bezeugt: Nachdem im ersten Schritt die Offenbarungsreligion das magische Denken überwunden hat, überwinden im zweiten Schritt die geoffenbarten Inhalte die Form der Offenbarung – jetzt wird klar, daß der Sinn der Offenbarung nicht in ihr selbst, sondern in ihrer Funktion für menschliches Zusammenleben liegt.

Der Midrasch, die talmudische Geschichte, wäre freilich nicht, was sie ist – nämlich mehr und anderes als eine lehrhafte Geschichte, in der die narrative Form lediglich die Hülle eines Theorems darstellt –, wenn sie nicht mit einer scheinbar systematisch nicht zwingenden Coda schließen würde.

Nachdem die ersten vier Teile (A bis D) ausschließlich von Debatten unter Menschen, Wundern und dem Auftreten einer göttlichen Hypostase, einer göttlichen Stimme erzählt haben, erzählt der fünfte Teil (E) von Gott selbst. Die Personen, die vorher ausschließlich aus Kreisen von Gelehrten bestanden, entstammen nunmehr anderen Sphären. Zwar ist auch von einem nicht weiter berühmten Rabbi Natan die Rede, ansonsten aber stehen der

Prophet Elija und Gott selbst im Mittelpunkt der kurzen Handlung.

Mit der Gestalt Elijas ist nunmehr eine auch in der Bibel bekannte Vermittlergestalt aufgerufen, die bis heute in der jüdischen Volksfrömmigkeit eine große Rolle spielt. Im Zweiten Buch der Könige wird berichtet, wie Gott selbst den Elija in einem feurigen Wagen gen Himmel nahm, daß also Elija nicht starb, sondern lebendig in den Himmel entrückt wurde. Die spätere aggadische Tradition ließ Elija auf das engste mit messianischen Überlieferungen zusammenrücken, ohne ihn damit selbst zum Messias zu erklären.[104] Auf jeden Fall gilt Elija als eine Gestalt, die engsten Umgang mit Gott hat und als dessen Beauftragter und Abgesandter seit seiner Entrückung unter den Menschen weilt. Der Auftritt des Elija signalisiert an dieser Stelle nicht lediglich eine durch ein Wunder beglaubigte, beliebige Meinung Gottes, sondern vor allem, daß es hier um Angelegenheiten geht, die Heil und Erlösung betreffen. Während in den ersten vier Teilen erst Wunder, dann unmittelbare Offenbarungen folgten, die allesamt verworfen wurden, ändert sich nun die Betrachtungsweise. An die Stelle des bloßen Augenscheins tritt nun ein traditionell bekannter, glaubwürdiger Zeuge im eschatologischen Kontext. Im Unterschied zur göttlichen Stimme, die sich im dritten Teil selbst zu Wort gemeldet hatte, wird nun indirekt, aber dafür um so glaubhafter über Gott und seine Reaktionen auf ein menschliches Geschehen berichtet. Während Gott in den ersten Teilen des Midrasch in menschliche Auseinandersetzungen eingriff, wird er in der Erzählung des Elija zum Zuschauer und Kommentator seines eigenen Engagements. Elijas Erzählung reagiert auf eine vorausgehende Frage – die Rabbinen schienen sich ihrer Eigenmächtigkeit bewußt gewesen zu sein und suchten nach einem Verhalten, an dem sie sich klarmachen konnten, welche Züge ein Gott haben würde, der seine Allmacht aufgegeben und den freiwilligen Rückzug angetreten hat.

Die deutschen Übertragungen des einschlägigen Traktates übersetzen das entsprechende aramäische Wort mit »Schmunzeln« oder »Lächeln«. Beide Begriffe sind nicht miteinander identisch, auch ist nicht klar, ob man das »Lächeln« richtig analysiert, wenn man in ihm nur eine gewissermaßen kleinere, sublimere Form des Lachens sieht.

Helmuth Plessner hat dem Lächeln eine eigene Studie gewidmet und darin ausgeführt, daß dem Lächeln im Unterschied zum Lachen und Weinen die unmittelbare Verbindung zwischen Ausdrucksform und Anlaß fehle, es also – anders als Lachen und Weinen – gegensätzlichsten Regungen des Inneren Ausdruck verleihen könne. Als »Mimik des Geistes« verkörpere es nicht nur die Fähigkeit einer reflexiven Haltung zu unterschiedlichen affektiven Überraschungen, sondern zugleich und vor allem eine besondere Menschlichkeit:

»Wird Lächeln Ausdruck, dann drückt es in jeder Form die Menschlichkeit des Menschen aus. Nicht nur wie jede Expression bei ihm, auch die ungehemmteste der starken Affekte, noch etwas Menschliches durchscheinen läßt, nicht wie Lachen und Weinen, die als seine Monopole in spezifischen Formen eines Verlusts seiner Selbstbeherrschung zum Vorschein kommen, sondern in aktiver Ruhehaltung und beherrschtem Abstand. Noch in den Modifikationen der Verlegenheit, Scham, Trauer, Bitterkeit, Verzweiflung kündet Lächeln ein Darüberstehen. Das Menschliche des Menschen zeigt sich nicht zufällig in leisen und gehaltenen Gebärden, sein Adel in Lockerung und Spiel; wie eine Ahnung im Anfang, wie ein Siegel im Ende. Überall, wo es aufscheint, verschönt sein zartes Leuchten, als trage es einer Göttin Kuß auf seiner Stirn.«[105]

Man muß keineswegs Plessners normative Vorstellungen darüber, in welchen Gebärden der Menschen ihre Menschlichkeit am reinsten zum Ausdruck kommt, teilen, um zu erkennen, daß sich die rabbinische Weisheit mit der Darstellung des lächelnden Gottes eines starken Anthropomorphismus bedient.

Das im talmudischen Midrasch geschilderte Lächeln Gottes ist die Reaktion auf eine Verweigerungshaltung seitens rabbinischer Lehrer, die die Offenbarungsautorität nimmer wollten gelten lassen. Es geht um eine Offenbarung, die Gott selbst nicht mehr spontan und autoritativ – wie noch in vielen biblischen Geschichten – ergehen ließ, sondern die als bereitwillige Unterstützung für einen Lehrer, der sich im argumentativen Streit mit anderen befand, erging. Die Geschichte unterstreicht, daß Gott sich bereits aus einer aktiv gestaltenden Rolle in oder über der Welt zurückgezogen hatte und sich nur noch auf Abruf oder Nachfrage in deren Angelegenheiten verwickeln ließ. Die geschilderte Situation nimmt diese Rückzugshaltung zum ersten Mal ernst. Gott hatte sich zwar zurückgezogen, ließ auch bisweilen seinen Rat ergehen, zürnte aber nicht, als dieser Rat ausgeschlagen wurde. Vielmehr läßt ihn die Zurückweisung seiner Autorität sowohl in seiner Gestik als auch in seinen Äußerungen besonders menschlich erscheinen: sein Lächeln mündet in der Anerkennung jener, die seine Autorität zurückgewiesen haben, als eigener Kinder. Übrigens ist vom Sprachgebrauch her nicht eindeutig zu entscheiden, ob der Begriff »Söhne« nicht auch »Kinder« im allgemeinen bedeuten kann. Indem Gott seine Niederlage einbekennt, beglaubigt er zugleich seine Rolle als Vater bzw. Mutter jener unbotmäßigen Kinder. Dem Text selbst ist nicht direkt zu entnehmen, welche Bedeutung Gottes Lächeln hatte – sie läßt sich allenfalls analog der standardisierten Verwendung dieser Geste in Eltern-Kind-Beziehungen erschließen. Demnach könnte das hier an den Tag gelegte Lächeln in einer Mischung aus Stolz über die Kinder in ihrer ganzen Existenz, in Trauer über das eigene Älter- und Überflüssigwerden – verbunden mit einem gewissen Abschiedsschmerz sowie Freude über ihre erbrachten Leistungen – bestehen, gepaart mit resignativer Nachsicht.

Gottes Selbsterniedrigung wird im talmudischen Midrasch in einer mehrfachen Rücknahme gedacht: Zuerst wird Gott vom allmächtigen Interventen zum reaktiven Zeugen für mehr oder minder gute Argumente; dann unterliegt Gott – insofern er in einer Rolle als himmlischer Schiedsrichter auftreten soll – dem mehrheitlichen Sachverstand einer Gruppe von Rabbinen. Dabei handelt es sich bei der Angelegenheit, um die es geht, um nicht mehr oder weniger als um die von Gott selbst gegebene Tora. Schließlich verarbeitet Gott den Verlust seiner Übermacht, indem er sich alleine auf eine Art Elternrolle zurückzieht.

Das Schweigen des Meeres, die Schrift und der Atem

Wer freilich glaubt, daß mit dieser Selbstrücknahme bereits das Happy-End erreicht ist, wird durch den weiteren Text eines besseren belehrt. Die himmlischen Mächte – Gott – reagieren nämlich im nächsten Schritt ungnädig und ambivalent auf die Niederlage. Als nämlich Rabbi Akiba dem Rabbi Elieser mitteilen sollte, daß er im Disput unterlegen war und all seine Entscheidungen nachträglich für nichtig erklärt worden waren, war dies für den Boten ein Anlaß zur Trauer.

»Da sprach Rabbi Elieser: Aqiba, wieso heute anders als sonst? Dieser erwiderte: Meister, mich dünkt, die Kollegen haben sich von dir zurückgezogen. Da zerriß auch er seine Kleider, zog die Schuhe ab und ließ sich auf der Erde nieder, und Tränen rannen aus seinen Augen. Da ward die Welt geschlagen ein Drittel an den Oliven, ein Drittel am Weizen und ein Drittel an der Gerste [...]. Es wird gelehrt: Ein großes Weh gab es an diesem Tage, denn jede Stelle, worauf Rabbi Elieser seine Augen richtete, verbrannte. Auch Rabbi Gamliel: er reiste dann zu Schiff, und eine Woge erhob sich und drohte ihn zu versenken. Da sprach er: Ich glaube, daß dies nur wegen des Rabbi Elieser ben Hyrkanos geschieht. Hierauf stand er auf und sprach: Herr der Welt, offenbar und bewußt ist es dir, daß ich dies nicht wegen meiner Ehre, auch nicht wegen der Ehre meines väterlichen Hauses getan habe, sondern deiner Ehre wegen, damit sich keine Streitigkeiten in Jisrael mehren. Da ließ das Meer von seinem Toben ab.«[106]

Dem unterlegenen Rabbi scheinen bei seinem heftigen Disput mit seinen rabbinischen Kollegen magische Kräfte zu eigen – Kräfte, die nun vermeintlich aus Rachsucht gegen die ganze Welt in Gang gesetzt werden. Erst der letzte Dialog – nun zwischen Rabbi Gamliel, der der obsiegenden Mehrheit angehörte, und Gott – macht den Sinn jenes Sieges deutlich, über den Gott lächelte und den er endlich doch durch die magische Kraft des Rabbi Elieser zurückzunehmen schien.

Das Lächeln Gottes, so läßt sich diese Geschichte lesen, reicht als Ausdruck resignativ-stolzen Eingeständnisses nicht aus – es bedarf eines letzten, klärenden Arguments, das die ambivalenten Gefühle Gottes zur Ruhe bringt. Angesichts des nun wieder erwachten göttlichen Zorns wird der Sinn einer Mehrheitsentscheidung erläutert, die Gott selbst beschämen muß. Der Sinn einer Entscheidung gegen Gott ist immer nur Gott selbst, der Gehalt seiner Ehre jedoch besteht in einem höchsten Gut: im Frieden jenes Volkes, das er sich selbst zum Befolgen seiner Tora erkor: Israels! Der Sinn einer Mehrheitsentscheidung bzw. des Hinnehmens einer von Gott nicht akzeptierten Entscheidung ist der Frieden. Der zweite Teil der Geschichte endet – anders als der erste – nicht mehr mit einem Bericht über Gottes Verhalten, sondern in einem schlichten Bericht: »Da ließ das Meer von seinem Toben ab.«

Gott selbst ist wieder gestaltlos geworden und nur noch durch interpretierbare Naturereignisse zu erfassen. Die Geschichte endet mit dem Schweigen des Meeres.

Die Analyse des talmudischen Textes begann mit einer Reflexion über die Rolle des Lachens in der Bibel und der Funktion der Komödie. Dann zeigte sich, daß das Lächeln im Unterschied zum Lachen vieldeutiger ist – auf die Idee von Gott angewendet, gerät es gar zum Ausdruck äußerster Menschlichkeit. Wo Gott vom allmächtigen Akteur zum freiwillig ohnmächtigen Diskussionspartner wird, geht seine Selbsterniedrigung, seine Menschwerdung aber noch weiter, als es die Ausdrucksgeste des Lächelns symbolisiert. Die Vieldeutigkeit des göttlichen Lächelns, die den Göttergestalten von der griechischen Antike bis zum Buddhismus eignete, Rätsel und Zauberhaftigkeit eines göttlichen Lächelns bleiben im talmudischen Midrasch nicht bestehen. Auch nach seiner Selbstpreisgabe wehrt Gott jenen, die in seinem Namen der Verweltlichung Vorschub leisten. Sein intervenierender Zorn findet seinen Frieden erst, als er mit den von ihm selbst gesetzten Prinzipien konfrontiert wird und verstehen muß, daß er nur um seiner eigenen Prinzipien willen beschämt wurde. Wo Gott sogar den heidnischen Zauber des Lächelns wieder aufgegeben hat und in verständlicher Wut seinen Interessen nachgeht, kann ihn eine Erinnerung an die eigene Satzung nur noch zum Schweigen bringen.

Die Selbsthingabe Gottes an seine Schöpfung endet im Judentum nicht nur in der Bild-, sondern sogar in der Wortlosigkeit; was bleibt, ist die Schrift: Die befreiende Entmachtung Gottes in der und durch die Interpretation seiner Weisungen führt schließlich dazu, daß Gottes Wort, die schriftliche Weisung, die Tora – mitsamt ihrer ethischen Bedeutung – als Weisheit, als Wort, als Inbegriff der Schöpfung zur Idee der Welt wird, einer Idee freilich, die nicht mehr wie bei Plato in Gestalt einer höchsten Form existiert, sondern – einer Metaphysik der Schrift gemäß – in Form von Buchstaben. Diese Spekulation war eine Leistung der zweifelsohne vom Neuplatonismus beeinflußten hochmittelalterlichen Kabbala.

»Das Geheimnis, das dem Heer aller Dinge zugrundeliegt«, so argumentiert der hochmittelalterliche Kabbalist Abraham Abulafia, »ist der Buchstabe, und jeder Buchstabe ist ein Zeichen und Hinweis auf die Schöpfung. So wie jeder Schreiber die Feder in seiner Hand hat und durch sie Tropfen aus der Materie der Tinte herabholt und in seinem Geist die Form, die er seiner Materie geben will, vorzeichnet, wobei die Hand wie die lebendige Sphäre ist und die unbelebte Schreibfeder, die ihr als Instrument dient, bewegt und sich mit ihr verbindet, um die Tropfen auf das Pergament zu gießen, welches den Körper darstellt, der zum Träger der Materie und der Form disponiert ist – genauso verhält es sich bei der Schöpfung in ihren oberen und unteren Bereichen [...] darum sind die Buchstaben als Zeichen und Hinweise gesetzt worden, um mit ihnen die Materien der Wirklichkeit, ihre Formen, ihre Geister und Seelen zur Form zu bringen, und deshalb ist die Weisheit den Buchstaben und den Sefiroth und den Namen enthalten und gesammelt und all diese sind wechselseitig auseinander zusammengesetzt.«[107]

Diese Sätze sind zwischen 1280 und 1291 in Süditalien verfaßt worden. In dieser Metaphysik der kleinsten, beliebig kombinierbaren und doch so gewichtigen Bedeutungsträger, der Buchstaben, meldet sich schon früh eine Einsicht an, die das biblische Bilderverbot, das sich noch der souveränen Einrede Gottes verdankte, ein weiteres Mal radikalisiert. Wo nur noch Zeichen und Buchstaben, nur noch Verweise und Spuren zu haben sind, wo jede Unmittelbarkeit getilgt und sogar Gott zum unabschließbaren Verweisungszusammenhang wird, wo seine Weisung zum Merkposten für eine nie mehr einholbare Vergangenheit wird, dort tritt die Distanz zwischen der An- und der Abwesenheit Gottes ins Zentrum des Denkens. Diese Distanz manifestiert sich in einer Theorie der Sprache als Schrift, die die moderne Einsicht, daß die Zeichen und Buchstaben, ja die historischen Sprachen selbst letzten Endes auf willkürliche Konventionen zurückgehen, erstaunlich klar vorwegnimmt. Die Kehrseite der Einsicht in die Vielfalt und Unterschiedlichkeit der Sprachen und der Sprache, der Laute, der Buchstaben und der

Schrift besteht in dem festen Glauben, daß dieser Vielfalt die Einheit Gottes und die Einheit der menschlichen Seele entspricht. Bei Abulafia verbinden sich kabbalistische Spekulation und eine von Aristoteles inspirierte Theorie des Sprechens, wie sie in dessen Werk *De interpretatione* angelegt ist. Demnach sind die Sprache und ihre Zeichen das Ergebnis sozialer Konventionen, während die Erkenntnisse, die durch die frei wählbaren Zeichen der Sprache zum Ausdruck gebracht und kommuniziert werden, von Natur aus bei allen Menschen identisch sind. Die hebräische Sprache mit ihren 22 Konsonanten kommt nun nach Abulafias Ansicht diesen innerpsychischen Urbedeutungen insofern besonders nahe, als die Kombinatorik der hebräischen Buchstaben sämtliche zweiundsiebzig Sprachen der Völker erzeugen könne. Diese kombinatorische Sicht, die die einzelnen Buchstaben als konnotierte Zeichen wie auch als lautlich respiratorische Ereignisse versteht, weist auf zweierlei hin: auf die relative Unselbständigkeit des einzelnen Buchstabens und seine physikalische Materialität als Zeichen und Laut. Alle Buchstaben sind das, was sie sind, nur in Kombination mit anderen, während jeder Buchstabe optische Form, Gestalt und stimmlich musikalischen Klang besitzt. Daß die Schrift und ihre Zeichen auf Kombinatorik, Materialität und – in Form der kabbalistischen Lehre vom Zahlenwert eines jeden Buchstabens, der Gematria – auf mehrfacher Signifikanz desselben Zeichens beruhen, war schon der hochmittelalterlichen Sprachmystik bekannt. Die Stofflichkeit der Buchstaben belegt ihre innere Verbindung zur Erkenntniskraft der menschlichen Seele, während ihre Kombinationsfähigkeit durch die Möglichkeit, sie beliebig oft niederzuschreiben, erwiesen wird. Atmen und Schreiben werden damit zu jenen Handlungen, in denen der Stoff, aus dem die Welt ist, dem Menschen erfahrbar wird. Diese Erfahrung ist das Ergebnis einer mystischen Vertiefung, einer Konzentration, in der schweigende Entrückung und enthusiastische Erkenntnis einen Indifferenzpunkt erreichen. Denn spätestens hier lassen die Parallelen zu modernen sprachtheoretischen Überlegungen nach – die Erkenntnisweise des Mystikers ist nicht rein kontemplativer, sondern aktivistischer Art. Die Eigenart von Laut und Buchstabe wird nicht durch Nachdenken, sondern nur durch Arbeit an ihnen und Nachsprechen deutlich:

»Fang an, einige Buchstaben mit allen anderen zu kombinieren, sie zu vertauschen und sie schnell umeinander zu drehen, bis sich dein Herz von der Anstrengung, sie zu drehen, erhitzt, auf daß dein Herz frohlockt, und daß ihre Bewegung frohlockt und daß dein Gehirn darin erhoben wird, daß du sie kombinierst und dich somit frohlocken macht; und wenn du es gefühlt haben wirst, daß dein Herz Kraft dieses Kombinierens wirklich brennt, dann endlich wirst du bereit sein, den verschwenderischen Einfluß zu empfangen.«[108]

Dieser Einfluß ist die Teilhabe am göttlichen Wissen, eine Teilhabe, die auch durch eine unmittelbar körperliche Beziehung zu den einzelnen Buchstaben, zumal den Buchstaben des göttlichen Namens erzielt werden kann. Die enthusiastische Mystik Abulafias sah eine enge Verbindung zwischen Atem und Seele, so daß durch die richtige Aussprache einzelner Buchstaben des göttlichen Namens im Sinne einer Atemmeditation eine Annäherung an das göttliche Wissen erreicht wird.

»Du wirst nicht den Atem, der das ›Alef‹ begleitet, von demjenigen des Buchstabens trennen, der durch einen langen oder kurzen Atemzug umfaßt ist; aber zwischen dem Buchstaben des Namens und dem Alef in seiner ersten Kombination oder zwischen dem Alef und dem Buchstaben des Namens in der verkehrten Kombination kannst du zwei Atemzüge tun, ohne irgendetwas auszusprechen, aber nicht vorher. Am Ende jeder Reihe hast du das Recht, nur fünfmal zu atmen, nicht mehr, aber auch nicht weniger.«[109]

Hier zeigt sich, daß Abulafias praktischer Kabbala in ihrer Konzentration auf den unaussprechbaren Gottesnamen und dessen Bestandteile aufgefallen ist, daß auch ausfallende Ereignisse, in diesem Fall ein Stocken bzw. *keine* Atemzüge Bedeutung haben können. Ohne daß diese Form praktischer Kabbalah oder mystischer Erkenntnis uns heute noch zugänglich ist, wird doch deutlich, daß damit die Sprachlichkeit der Sprache und die Schriftlichkeit der Schrift in einer Weise herausgehoben worden sind, die der schlichten Annahme, Worte seien die natürlichen Träger von Bedeutungen, den Boden entziehen. Dabei war diesen gläubigen Denkern, denen das Werk des Aristoteles wohlbekannt war, die Differenz zwischen ihren Überlegungen und dem rationalen Verfahren der

Philosophie durchaus geläufig. Diese Differenz liegt im Grad der Einsicht wie in der Würde rationalen Denkens hier und prophetischen Enthusiasmus dort. Der Wunsch, Gott und seiner Gerechtigkeit im Erforschen seiner Welt, im Studieren seiner Schriften und im Deuten seiner Zeichen, der Buchstaben, auf der Spur zu bleiben, war auch später unersättlich.

IV. Spinozas unmittelbarer Gott

> Das Judentum und die Schrift, wie mir scheint, haben etwas von ein und derselben Öffnung: Öffnung für ein Wort, das in seiner Gänze zu leben wir berufen sind.
> E. J.

Doch die schon Platon gegenwärtige Erfahrung, daß die Zeichen trügerisch, die Schriften von Menschen verfaßt und die Bilder blenden, führte immer wieder zu Wort und Gedanke zurück. Unmittelbar gewiß, ohne durch Zeichen verfälscht zu sein, war der bildlose Gedanke Gottes. Ihn zu fassen, war das Lebensziel des »Marranen der Vernunft« (Y. Yovel), Baruch de Spinoza. Es war der dem Judentum entstammende, mit dem Christentum wohlvertraute Baruch de Spinoza, der ohne Bezug auf die Menschlichkeit Gottes, aber sehr wohl im Bannkreis einer Christologie den Versuch unternommen hat, das Göttliche der Gerechtigkeit aus dem Denken heraus zu beweisen, und der damit nicht nur zum Begründer der historischen Bibelkritik, sondern auch zum Erben einer Mystik wurde, die Gott im Denken erfuhr. Anders jedoch als die kabbalistische Theorie der Sprache spielt ihre Materialität bei Spinoza keine Rolle mehr, während ein zentrales Problem etwa Abulafias, das Verhältnis einer Mystik des Gottesnamens im Rahmen einer Meditation des Sprechens zu einer Mystik prophetischer Erkenntnis, für Spinoza von zentraler Bedeutung wird.

Die hochmittelalterliche Mystik war von der Frage umgetrieben, wie Prophetie, d. h. wie geschichtsmächtiges Wissen von Gott über die Geschichte, möglich sei. Ihre theoretischen Mittel führten sie dabei auf den Geist Gottes und die Frage nach der Möglichkeit, an ihm teilzuhaben, zurück. Für Spinoza aber wird das, was für die prophetische Kabbala das Unterpfand gültigen Prophezeiens war, ihre Sprachlichkeit, zur Störquelle. Unterpfand einer angemessenen Gotteserkenntnis wird nun wieder ein sprachfreies Denken.

Mit Spinoza kehrt Platons Verdammung der Schrift zugunsten der Sprache ebenso zurück wie Platons Abwertung des Sprechens zugunsten der reinen Schau.

Spinoza galt und gilt als metaphysischer Materialist. Die eigentümlich mystische Frömmigkeit freilich, die zumal die letzten Teile seiner »Ethik« atmen, haben immer wieder die Frage aufgeworfen, ob es sich bei Spinozas Werk um die Einlösung mystischer Religiosität mit metaphysischen Mitteln oder um die Überwindung der Religion durch Metaphysik handelt.

Zudem haben neuere Forschungen, insbesondere die Untersuchungen von Yirmijahu Yovel[110], nachgewiesen, in welchem Ausmaß die marranische Erfahrung einer durch Entfremdung hervorgerufenen Haltung innerer Distanz zum sozialen Leben für dieses Werk prägend wurde. Schließlich sind wir darüber informiert, wieweit Spinoza selbst im Rahmen seiner traditionell jüdischen Studien mit der mittelalterlichen hebräischen Philosophie und auch mit kabbalistischen Schriften vertraut war.[111] Weniger klar ist unser Wissen darüber, in welchem Ausmaß Spinoza Kenntnisse der christlichen Religion besaß. Seine Bibliothek enthielt immerhin ein Exemplar von Jean Calvins *Institutio Christianae Religionis*. Sein Studium in der Lateinschule Franciscus van Endens und seine Bekanntschaft mit Jacques La Peyrere mochten ihn durchaus mit entsprechenden Kenntnissen in Berührung gebracht haben – auch seine Teilnahme am Kreise der Kollegianten, sein Aufenthalt in Rijnsburg dürfte ihn mit den Grundzügen einer christlichen Lebenswelt vertraut gemacht haben. Spinoza scheint – liest man den *Tractatus theologico-politicus* – das Neue Testament ebenso beherrscht zu haben wie das Alte Testament und eine Reihe von Talmudtraktaten. Auch scheint er dem Neuen Testament – jedenfalls auf den ersten Blick – ebenso historisch-kritisch gegenübergestanden zu haben wie der Hebräischen Bibel.[112]

Diesem Eindruck und der durchgängigen These von Spinoza als metaphysischem Materialisten entgegen wird im folgenden die These vertreten, daß Spinoza nicht nur eine vergleichsweise traditionelle Christologie vertreten hat, sondern daß diese Christologie darüber hinaus erhebliche Lasten der eigenen Erkenntnistheorie und Ethik zu tragen hatte. Mit anderen Worten: ohne die von Spinoza vorgegene Christologie bliebe sein Projekt einer Ethik durch Erkenntnis unbegründet – der metaphysische Monismus der »Ethik« genügt sich zwar in spekulativer Hinsicht sehr wohl, vermag aber die Brücke ins Leben nicht ohne christologische Glaubensannahmen zu schließen.

Diese Auffassung widerspricht Spinozas Selbstverständnis, nach dem »zwischen dem Glauben oder der Theologie einerseits und der Philosophie andererseits keinerlei Gemeinschaft oder Verwandtschaft besteht«.[113]

Um sie zu belegen, sei zunächst Spinozas Jesusbild nachgezeichnet, sodann auf seine Christologie eingegangen, um schließlich die Funktion dieser Christologie in der »Ethik« nachzuzeichnen. Endlich wird behauptet, daß es genau diese Christologie gewesen ist, die Spinoza zum wesentlichen Anreger der christlichen Philosophie des deutschen Idealismus werden ließ.[114]

Vorgreifend und gebündelt ließ sich sagen: Spinoza verwendet das Jesusbild des Matthäus in einer johannäischen Christologie, die einen Geistbegriff nahelegt, der der Philosophie nähersteht als dem dogmatischen Glauben der Kirche.

Spinozas Jesus

Spinozas Jesusbild ist das des Matthäus, d. i. das Bild eines toratreuen Juden, der sich vor anderen Juden, zumal den Pharisäern, dadurch auszeichnet, besonders gesetzestreu zu sein. Zudem ist der Jesus des Spinoza zugleich der Inbegriff eines ethisch, in protestantisch-lutherischen Begriffen gesprochen, gesetzlich handelnden Menschen. Spinozas Jesus ist nicht nur ein vollkommener Mensch[115], sondern zugleich ein einfühlsamer und flexibler Lehrer der Moral.[116] Erfolg und Wirksamkeit waren ihm dabei genau deswegen beschieden, weil er als einziger Mensch einer unmittelbaren Erkenntnis von Gottes Willen fähig gewesen sei:

»Christus hat also die offenbarten Dinge wahr und adäquat begriffen, wenn er sie daher wirklich einmal als Gesetze vorschrieb, so tat er es wegen der Unwissenheit und Halsstarrigkeit des Volkes. Er handelte also darin gerade wie Gott, indem er sich dem Geist des

Volkes anpaßte und deshalb, wenn er auch mit etwas größerer Klarheit als die anderen Propheten sprach, dennoch dunkel und häufiger durch Gleichnisse seine Offenbarungen lehrte, zumal wenn er zu Leuten sprach, denen es noch nicht gegeben war, das Himmelreich zu erkennen.«[117]

Hier tritt die für Spinoza zentrale Unterscheidung von prophetischer und unmittelbarer Erkenntnis in Erscheinung. Die prophetische Rede, derer sich auch Jesus noch bedienen mußte, war aufgrund ihrer Bilder und Geschichten, kraft derer sie an das Vorstellungsvermögen des einfachen Volkes appellieren konnte, dunkel oder unklar und konnte deshalb die Prinzipien, um die es eigentlich gehen sollte, nur gebrochen vermitteln. Damit postuliert Spinoza einen Gegensatz zwischen der Klarheit des reinen Denkens und der Dunkelheit narrativer Rede. Die Erkenntnis des Himmelreiches zeichnet sich als ungetrübte Einsicht in abstrakte Prinzipien ab, die einer erzählenden Einkleidung nicht mehr bedürfen. Jesus wird für Spinoza interessant, weil er als einzelne Person zwar stärker als die Propheten auf wenige und sparsame Prinzipien der Moral setzt, im Vergleich zur Philosophie aber immer noch einer narrativen, bildhaften Sprechweise verhaftet bleibt.

Für Spinoza ist Jesus damit in beinahe aufklärerischer Manier der Lehrer eines allgemeinen Sittengesetzes, einer Lehre, die durch ihren strikten Gegensatz zu den Gesetzen des Staates die Menschen auf den inneren Lohn eines glückseligen Lebens verweist. Im Unterschied zu den späteren spekulativ-christlichen Interpreten Jesu, den Vertretern des deutschen Idealismus wie Fichte, Schelling und Hegel wirkt der Christus des Spinoza aber nicht als Rebell des Evangeliums wider den tötenden Geist der Gesetze, sondern als subversiver Sittenlehrer, der die äußerliche Seite der mosaischen Weisung gerade dadurch kritisiert, daß er auf ihre Einhaltung pocht. In der Auseinandersetzung mit dem Programm der Feindesliebe in der Bergpredigt, nämlich der Aufforderung, nach dem Streich auf eine Wange auch die andere darzubieten, stellt Spinoza klar, daß es bei derlei Maximen jedenfalls nicht um eine neue Tora gehe:

»Hätte Christus das als Gesetzgeber den Richtern befohlen, so hätte er mit dieser Vorschrift das mosaische Gesetz umgestoßen, wogegen er sich aber ganz offen erklärt. Wir müssen deshalb darauf achten, wer es gesagt hat, und zu wem und zu welcher Zeit es gesagt wurde. Gesagt hat es Christus, der nicht als Gesetzgeber Gesetze verordnete, sondern als Lehrer Lehren gab; denn er hat nicht so sehr die äußerlichen Handlungen als die Gesinnung verbessern wollen.«[118]

In diesem Sinne unterscheiden sich für Spinoza wider den Geist der lutherischen Reformation Altes und Neues Testament auch nicht der Substanz, sondern allenfalls ihren unterschiedlichen Entstehungszusammenhängen nach. Spinozas Methode – die Entstehung der biblischen Schriften historisch durch die Zusammenkünfte von Konzilien und Versammlungen zu erklären, dabei typologisch zwischen unterschiedlichen Formen der Verkündigung wie Prophetie und Apostolat und sachlich zwischen einer überhistorischen Substanz der Schriften und ihren zeitgebundenen Formen, die in der Regel an Herrschaft geknüpft seien, zu unterscheiden – gestattet ihm ein Jesusbild, das in vielem auch heute noch kritischer Forschung genügt.

Anders als die protestantischen Reformatoren besteht Spinoza nicht nur auf der jüdischen Geburt, sondern auch auf dem jüdischen Charakter der Lehre Jesu. Spinozas systematische Unterscheidung zwischen der allgemeinen sittlichen Wahrheit der Schriften und ihren prophetisch – bildlichen, bzw. gesetzlich – zeremoniellen oder juristischen Aspekten hingegen muß keineswegs Ausdruck einer modern aufklärerischen Geisteshaltung sein, sondern könnte ebensogut seiner Talmudrezeption geschuldet sein. In mancher talmudisch legendären Erzählung – etwa über die Differenzen des Hauses Hillel und des Hauses Schammai, zweier rabbinischer Schulen, die sich nach der Flexibilität ihrer Normenauslegung unterschieden – wird die Essenz der Weisung, die goldene Regel, von ihrem Beiwerk unterschieden. Daß diese schon im antiken Palästina getroffene Unterscheidung jedoch nicht nur biblischem, sondern auch hellenistisch-philosophischem Denken entstammt, wird durch neuere Untersuchungen zum Verhältnis von Rabbinismus und hellenistischer Popularphilosophie belegt.[119] Auf jeden Fall entspricht Spinozas Konzeption Jesu als eines orthodox lebenden, jedoch das Ende der Tage und – vor diesem Hintergrund – ethische Weisheit lehrenden Juden in erstaunlicher Weise den jüngsten Ergebnissen neutestamentlicher Wissenschaft – jüdischer und nichtjüdischer Provenienz.[120] Spinoza wäre es damit wider den reformatorischen Zeitgeist gelungen, ein nicht nur nicht judenfeindliches[121], sondern sogar historisch annähernd zutreffendes Bild Jesu zu zeichnen.

Um so erstaunlicher wirkt es dann, daß seine Christologie in vielen Hinsichten – mutatis mutandis – orthodox-christlichen Überzeugungen folgt, vor allem dort, wo er Jesus bzw. dessen Wissen den Charakter eines unvermittelten Wortes Gottes zuschreibt.

»Daran erkennen wir, daß wir in Gott bleiben und Gott in uns, daß er uns von seinem Geist gegeben hat.« (1 Joh, 4,13) lautet das Motto des theologisch-politischen Traktats. Der starke Akzent auf Gottes Geist findet seine Erläuterung in Spinozas typologischer Theorie der Prophetie: Eine kritische und genaue Lektüre nicht nur der prophetischen, sondern auch der geschichtlichen Bücher hat ihn darüber belehrt, daß sich der Gott der Hebräischen Bibel den Menschen von Moses an in Bildern und Metaphern offenbart hat. Die Offenbarung über Bilder jedoch sei eine mittelbare Mitteilung, ein Ergebnis oder Ausdruck menschlicher Vorstellungskraft. Damit genügt sie der von Spinoza postulierten Fähigkeit aller Menschen zur natürlichen Erkenntnis Gottes und der Natur. Nicht anders als Luther geht auch Spinoza von einer natürlichen Vorstellungs- und Einbildungskraft aus, unterscheidet sich aber darin, daß er die Substanz der biblischen Schriften nicht in ihren Narrativen, sondern in ihren Prinzipien sieht. Jesus, dessen Botschaft der Sache nach schon klarer als die der Propheten sei, zeichne sich zudem dadurch aus, daß er der bisher erste Mensch war, dem es gelungen sei, einer direkten Offenbarung Gottes, d. h. seiner Prinzipien, teilhaftig zu werden:

»...nirgends habe ich gelesen, daß Gott Christus erschienen sei oder mit ihm gesprochen habe, sondern nur, daß Gott durch Christus sich den Aposteln offenbart habe und daß dieser der Weg des Heils sei, und endlich, daß das alte Gesetz durch einen Engel, aber nicht unmittelbar von Gott selbst überliefert worden sei...«[122]

So sehr Spinoza auf der lehrhaften Einheit der beiden Testamente beharrt, so sehr tritt für ihn der Unterschied in der Form ihrer Offenbarung in den Mittelpunkt. Dabei unterscheidet er noch einmal zwischen der Offenbarung Jesu hier sowie den Offenbarungen an das Volk Israel bzw. den Offenbarungen an die Apostel dort.

Während sich Gott Jesus direkt offenbart habe, sei die Offenbarung an Israel und die Apostel vermittels eines Engels bzw. vermittels Jesu selbst geschehen. Damit gewinnt die zentrale Gestalt des christlichen Glaubens für Spinoza eine doppelte Funktion. Als Empfänger einer Offenbarung war Jesus einmalig, da ihm diese Offenbarung unvermittelt widerfuhr, als Überbringer oder Träger einer Offenbarung war er nur eine Vermittlergestalt unter anderen. Sind Spinozas Interpretationen durch den biblischen Text gedeckt?

Es scheint, als ob Spinoza in diesem Zusammenhang entweder eine massive Unkenntnis oder eine willkürliche Manipulation der biblischen Schriften an den Tag legt. In den synoptischen Evangelien (Matth. 3,17; Mk. 1,11; Luk. 3,22) wird im Rahmen der Erzählungen von Jesu Taufe von einer göttlichen Stimme, die Jesus anspricht, berichtet, im Johannesevangelium richtet sich diese Stimme an den Täufer. Ein zweiter Blick zwingt zur Differenzierung. Im Matthäusevangelium spricht Gott nicht mit, sondern *über* Jesus: »Dies ist mein lieber Sohn«, während sowohl bei Markus als auch bei Lukas Gottes Rede lautet: »Du bist mein lieber Sohn.« Auf der Basis dieses offensichtlichen (bewußten und gewollten?) Interpretationsfehlers jedenfalls in bezug auf Markus und Lukas kann Spinoza dann seine Lesart der Einzigartigkeit Jesu vortragen:

»Ich glaube daher nicht, daß irgendjemand eine solche Vollkommenheit vor den anderen erreicht hat, ausgenommen Christus, dem der Heilsplan Gottes ohne Worte und Gesichte, ganz unmittelbar offenbart worden ist, so daß Gott durch Christi Geist sich den Aposteln offenbart hat so wie einst dem Moses durch die Stimme aus der Luft. Darum kann die Stimme Christi geradeso wie jene, die Moses hörte, Gottes Stimme heißen. Und in diesem Sinne können wir auch sagen, die Weisheit Gottes, d. h. eine Weisheit, die über alle menschliche ist, habe in Christus menschliche Natur angenommen und Christus sei der Weg des Heils gewesen.«[123]

Die Gleichsetzung von Gottes Stimme mit Christi Geist verweist auf Spinozas Annahme, daß die Offenbarung der Wahrheit üblicherweise eines Mediums bedarf. Um so größeres Interesse muß der bisher erste und einzige Fall einer nicht vermittelten Offenbarung gewinnen, nämlich jene, derer Jesus teilhaftig wurde. Die immer wieder aufgebotene Unterscheidung zwischen der narrativbildlichen Gestalt der Offenbarung und ihrem prinzipiellen Gehalt drängt schließlich zu einer Explikation dieses prinzipiellen Gehalts.

Im 14. Kapitel des Traktats, das »Vom Glauben« handelt, legt Spinoza die Substanz, d. h. die wesentlichen Inhalte des biblischen Glaubens dar – nicht ohne zu erklären, daß diese Inhalte strikt von metaphysischen Überlegungen – was »Gott« in Wirklichkeit, ob er allmächtig und gegenwärtig sei und ob die Gerechtigkeit auf der Welt auf natürlichem oder übernatürlichem Wege hergestellt werde – unabhängig sind. Für Spinoza ist der Glaube daher im wesentlichen Weisung, die lediglich besagt: »es gibt ein höchstes Wesen, das Gerechtigkeit und Liebe schätzt und dem alle gehorchen müssen, damit sie selig werden, und das sie durch die Ausübung von Gerechtigkeit und Nächstenliebe verehren müssen.«[124] An dieser Erläuterung fällt auf, daß Spinoza bei der vernunftgemäßen, abstrahierenden Konstruktion des biblischen Glaubens gleichsam neben seine eigenen metaphysischen Überlegungen tritt und damit den systematischen Vorrang richtigen Handelns vor spekulativem Denken beglaubigt. Mit der Differenz von metaphysischer Spekulation und ethischer Weisung erweist sich Spinoza als konsequenter Erbe rabbinischen Denkens, das – im Unterschied zum Christentum – der theologischen Spekulation jedwede Freiheit ließ, sofern nur die Weisung, die Tora eingehalten wurde.[125] Dem scheint zu widersprechen, daß Spinoza gerade der Autonomie ethischen Lebens wegen den Glauben an den Christus als fundamentale Sinnbedingung ausweist. Der Glaube an den Christus gilt Spinoza als Sinnbedingung menschlichen Handelns, da dieser Glaube die Motivation erläutert, um derentwillen Menschen auch trotz der Verzweiflung in der Weisung bleiben. Würden die Menschen nicht daran glauben, daß Gott den Reuigen ihre Sünde verzeiht (ein jüdischer, nicht unbedingt protestantischer Gedanke), so entfiele der Glaube an Gottes Barmherzigkeit und damit seine Vorbildfunktion für menschliches Handeln. Christusglaube ist für Spinoza letzten Endes nichts anderes als Glaube an die Barmherzigkeit Gottes:

»Wer aber fest daran glaubt, daß Gott nach seiner Barmherzigkeit und Gnade, mit der er alles leitet, den Menschen ihre Sünden verzeiht, und wer deshalb um so mehr zur Liebe gegen Gott entflammt wird, der hat in Wahrheit Christus dem Geist nach erkannt und Christus ist in ihm.«[126]

Spinozas Christologie

Der Christus übernimmt somit in Spinozas System eine doppelte Funktion, je nachdem ob man das Augenmerk auf die spekulativ-theoretischen oder die gläubig-praktischen Aspekte seiner Philosophie lenkt.

Der Christus muß – in theoretischer Hinsicht – als bisher einzig bekannter Fall die Beweislast dafür übernehmen, daß eine unmittelbare Kenntnis der natürlichen, göttlichen Moral möglich ist, und stellt – in praktischer Hinsicht – jene Gründe bereit, die die Menschen dazu bewegen, auch tatsächlich den als richtig erkannten Weisungen zu folgen.

Sind diese Funktionen des Christus im Rahmen von Spinozas System denknotwendige Voraussetzungen, oder stellen sie lediglich eine Konzession an die reale Volksreligion der damaligen Niederlande dar? Handelt es sich um Zugeständnisse an die metaphorische Sprache des Glaubens mit dem einen Ziel, in einer von Religionskriegen zerrissenen Welt über die Vereinbarkeit von Vernunft und Glauben politische Toleranz und demokratische Partizipation zu befestigen?

Wäre dem so, so hätte Spinoza die biblische Religion, Judentum und das Christentum tatsächlich überwunden und eine neue Konzeption philosophischer Religiosität begründet, die sich des biblischen Glaubens allenfalls als eines äußerlichen Vehikels bedient. Ob diese Vermutung zutrifft, läßt sich nicht ohne einen kurzen Exkurs in Spinozas allgemeine Erkenntnistheorie beantworten.

In der vergleichsweise frühen Abhandlung über die *Verbesserung des Verstandes* aus dem Jahr 1657 erläutert Spinoza die ihm bekannten zwei Erkenntnisarten, nämlich die »intellectio« und die »imaginatio«, die ihrerseits je zwei Unterfälle enthalten: Wissen aufgrund von Hörensagen oder durch unbestimmte Erfahrung hier, Wissen aufgrund synthetischer bzw. analytischer Schlüsse dort.

»Es gibt ein Wissen«, so werden die beiden letzten Erkenntnisarten erläutert, »bei dem das Wesen einer Sache aus einer anderen Sache erschlossen wird, aber nicht auf adäquate Weise. Das ist der Fall, wenn man entweder von einer Wirkung auf die Ursache schließt, oder wenn man einen Schluß zieht aus etwas Allgemeinem, das stets von einer Eigenschaft begleitet wird. Endlich gibt es ein Wissen, bei dem die Sache bloß aus ihrem Wesen, oder durch die Erkenntnis ihrer nächsten Ursache begriffen wird.«[127] Der letzte Fall beschreibt das, was die Philosophie spätestens seit Kant als analytische Urteile bezeichnet – also Aussagen, die lediglich die in Begriffen schon implizierten Bedeutungen entfalten, etwa daß alle Körper ausgedehnt sind.

Die 1675 beendete *Ethica more geometrico* beansprucht nun nicht weniger, als eine Weise vernünftigen Lebens aus einer analytischen Untersuchung des Begriffes Gottes darzulegen, und stellt so den exemplarischen Fall der Entfaltung eines unmittelbaren, erfahrungsfreien Wissens dar. Die Fähigkeit zur Entfaltung dieses Wissens ist aber nach Spinozas Auffassung eine Gabe, die jedem Menschen eignet. Unter dieser Voraussetzung wäre Spinozas Berufung auf den Christus allenfalls politisch, nicht systematisch begründet. Im Unterschied zu all diesen Menschen besaß Spinozas Christus jedoch eine Fähigkeit, die über die Explikation analytischer Urteile hinausging. Er konnte »bloß mit dem Geist etwas begreifen, das in den tiefsten Grundlagen unserer Erkenntnis nicht enthalten ist und nicht aus ihnen abgeleitet werden kann«.[128] Diese Fähigkeit sei bei den Menschen im allgemeinen nicht zu erwarten, weil sie die Fähigkeiten des natürlichen menschlichen Geists bei weitem übersteigen müßten. Besaß Jesus damit für Spinoza übernatürliche Fähigkeiten? Da Spinozas in sich geschlossenes monistisches System übernatürliche Fähigkeiten nicht zuläßt, ist er zur Begründung der zentralen Rolle Jesu auf eine natürliche Erklärung dessen angewiesen, was in der Hebräischen Bibel als »ruach«, d. h. als »Geist« bezeichnet wird. Denn Christus habe – anders als die Propheten, die lediglich über ein lebhaftes Vorstellungsvermögen verfügten – mit Gott von Geist zu Geist verkehrt. Dies aber bedeutet nichts anderes, als daß Jesus als historische Person der bisher erste und einzige Fall eines Menschen war, dem es gelungen ist, die Essenz einer vernünftigen Moral frei von Bildern oder Metaphern zu artikulieren oder zu lehren. Ein besonderes Rätsel entsteht damit ebenfalls nicht. Fraglich ist nur, ob die Bedeutung Jesu aus dem gleichsam kontingenten Umstand resultiert, daß er diese Fähigkeit besaß, oder andere Gründe dafür vorliegen, daß ausgerechnet Jesus von Nazareth diese Fähigkeit besaß.

Daß Christus mit Gott von Geist zu Geist verkehrte, kann ja zunächst gar nichts anderes heißen, als daß es einem einzelnen Menschen einmal gelungen ist, vernünftige Moral im Rahmen einer historischen Religion autoritativ zu verkünden. Der Monismus Spinozas, der ohnehin allen menschlichen Geist, das menschliche Denken als ein Attribut Gottes ansieht[129], läßt diese Formulierung genau deswegen zu, weil die Gedanken Jesu, unmittelbar und autoritativ verkündet, letzten Endes genau jene Einsichten beinhalten, zu denen eine analytisch verfahrende, die Verwirrungen des Verstandes mühsam klärende Philosophie wie sie in der *Ethica more geometrica* entfaltet ist, ebenfalls gelangen wird. Aus systematischen Gründen, so scheint es, ist eine Ethik auf ihre historische Gestalt jedenfalls nicht angewiesen: Die Gestalt Jesu als Fall eines Menschen, der der göttlichen Einsicht unmittelbar teilhaftig war, ist nur aus praktischen Gründen, genauer gesagt aus Gründen der Motivation zum richtigen Handeln bedeutsam: »Da ausnahmslos alle Menschen gehorchen können und nur sehr wenige (verglichen mit der ganzen Menschheit) durch die bloße Leitung der Vernunft eine tugendhafte Lebensführung erreichen, so müßten wir an dem Heil aller Menschen verzweifeln, wenn wir das Zeugnis der Schrift nicht hätten.«[130] Der christliche Glaube präsentiert sich so – in gut aufklärerischer Manier – als nichts anderes denn als die bildhafte, in der schlichten Frömmigkeit verankerte und durch sie beglaubigte sittlich-moralische Einsicht. Christus aber und sein Geist, wie er in diesem Volksglauben bekräftigt wird, sind gar nichts anderes als die Idee, der Gedanke Gottes, dessen alle Menschen im Prinzip inne werden können.

Freilich: In einer Anmerkung zum 68. Lehrsatz der *Ethik*, in dem es um das Verhältnis von sittlicher Urteilsfähigkeit und Freiheit eben endlicher Menschen geht, erwähnt Spinoza den Wiedergewinn der durch Adam verlorenen Freiheit, um dann von jener Freiheit fortzufahren: »die die Patriarchen dann später wiedererlangten, geleitet vom Geiste Christi, das heißt von der Idee Gottes, von der es alleine abhängt, daß der Mensch frei ist, und daß er das Gute, das er für sich begehrt, auch für die übrigen Menschen begehrt...«[131]

Diese Passage der Ethik fällt insofern aus dem Rahmen, als Spinoza sich hier in ungewöhnlicher Weise einer Verquickung systematischer Gedanken mit kirchlichen Dogmen bedient, von Dogmen, die sich so jedenfalls im Neuen Testament nicht finden und entsprechend wenig Raum in einer historisch-kritischen Bibelexegese, wie Spinoza anstrebte, finden sollten.

Daß der Geist Christi nicht erst in Gestalt des Jesus von Nazareth zum Ausdruck gekommen ist, sondern – wie es schon die nizäanische Trinitätslehre (das Nicänum-Constantipolitanum aus dem Jahre 381) behauptet hat – als zweite Person der Dreifaltigkeit präexistent und somit auch schon im Akt der Schöpfung und bei den Propheten zugegen gewesen, und daß – wie es die westliche Kirche immer behauptet hat – der Heilige Geist gleichberechtigt vom Vater und vom Sohn ausgegangen sei, beglaubigt Spinoza der Sache nach. Nun spricht Spinoza aber in der *Ethik* nicht von den Propheten, sondern von den Patriarchen, also von Abraham, Isaak und Jakob. Die systematische Grundfigur dieses Arguments ist dieselbe: Der Geist Christi vermittelte Gott und seine Schöpfung gleichwohl schon lange, bevor er in der Kreuzigung Jesu die Leiden der Welt auf sich nahm. Im Symbolon des Ersten Ökumenischen Konzils von Konstantinopel heißt es: »Und (glauben) an den Heiligen Geist, den Herrn und Lebensspender, der vom Vater ausgeht, der mit dem Vater zusammen verherrlicht wird, der durch die Propheten geredet hat.«[132]

Auch sonst operiert Spinoza mit trinitarischen Formeln: So schreibt er Gott in der früh verfaßten, posthum erschienenen *Kurzen Abhandlung* wesentlich drei Eigenschaften zu: die Notwendigkeit seines Wirkens, die Vorsehung seines »Tuns« als des Selbstbeharrungsstrebens der ganzen Natur und – damit verbunden – die Vorherbestimmung aller ihm zurechenbaren Ereignisse. Darüber hinaus hält er im einschlägigen Abschnitt der *Kurzen Abhandlung* über die »Natura naturata« terminologisch nicht nur fest, daß die Bewegung in der Natur qua Ausdehnung als »Werk«, »Produkt«, sondern eben auch als »Sohn« bezeichnet werden könne, eine Terminologie, die dann schlüssig in eine entsprechende Christologie überführt werden kann, wenn »Bewegung« als eine wesentliche Eigenschaft des menschlichen Verstandes angesehen wird: »Was den Verstand in der denkenden Sache angeht, so ist dieser ebenso wie die Bewegung auch ein Sohn, Werk oder unmittelbares Geschöpf Gottes, von aller Ewigkeit her von ihm geschaffen und in alle Ewigkeit unveränderlich bleibend.«[133]

Auch diese, was die Ausführungen über Verstand und Bewegung angeht, so modern klingende Passage stellt im Grunde nichts anderes als die Variation eines altkirchlichen Dogmas dar. Das nizäanische Glaubensbekenntnis jedenfalls enthält eine Ausschlußformel wider all jene, die sagen: »Es war einmal eine Zeit, da der Sohn Gottes nicht war...«[134]

Allerdings kannte auch die jüdische Mystik, die Kabbala, Spekulationen, wonach der menschliche Geist, sein Intellekt als Gottes »Sohn« bezeichnet werden könne.[135] Ist das Benutzen trinitarischer Formeln politisch propagandistischer oder systematischer Art? Einen Hinweis darauf, daß derlei Überlegungen nicht nur politischen Charakters sind, könnte ihr Vorkommen in nicht zur Publikation vorgesehenen Schriften geben. Über die oben erwähnte, postum publizierte *Kurze Abhandlung*, die eine entsprechende Bemerkung enthält, wurde unter den Zeitgenossen erstmals 1666 berichtet. Ein Brief Spinozas an Peter Balling aus dem Jahre 1664 enthält nun eine psychologisch eingefärbte Überlegung über die Liebe eines Vaters zu seinem Sohn: »Ein Vater liebt seinen Sohn so sehr, daß er und sein geliebter Sohn sozusagen ein und dieselbe Person sind. Nun muß es [...] notwendigerweise im Denken eine Idee geben von den Affektionen des Wesens des Sohnes und was aus ihnen folgt. Weil nun der Vater wegen seiner Vereinigung mit dem Sohne ein Teil eben dieses Sohnes ist, so muß notwendig auch die Seele des Vaters teilhaben an dem ideellen Wesen des Sohnes und an dessen Affektionen...«[136]

Das Thema des Briefes an Balling ist die Möglichkeit verworrener, aber zutreffender Vorausahnungen des Geistes, die Spinoza hier mit einer Art Sympathielehre erklärt. Abgesehen davon, daß derlei Vorausahnungen zentrales Moment seiner Theorie des Prophetischen sind, ist nicht zu übersehen, daß Spinoza sich auch hier, in einem Privatschreiben, trinitatstheoretischer Begriffe im strengsten Sinne bedient. Ihre Übertragung auf psychologische, auf empirische Gegebenheiten setzt sie ihrer Logik nach nicht außer Kraft, sondern belegt nur, daß sich Spinoza an einer Christologie ohne die für ihn sinnlose Annahme eines persönlichen Gottes versuchte.

In systematischer Hinsicht entfalten sowohl die Bemerkung in der *Ethik* als auch die früheren Ausführungen in der *Kurzen Abhandlung* sowie die Argumente im Brief an Peter Balling den Kern einer Christologie wie den Kern einer Theorie sittlichen Handelns. Der Gedanke, daß in Christus Gottes Geist unmittelbar gewirkt habe und daß die Einsicht in das Rechte im Prinzip allen Menschen gegeben sei, daß der dieser Einsichten fähige Verstand Sohn Gottes sei, nimmt schließlich Elemente der hochmittelalterlichen Mystik ebenso auf wie einen eigentümlich demokratischen Gedanken, der schon in der frühen Christenheit bekannt war.

Bonaventuras in der Mitte des dreizehnten Jahrhunderts entstandene Schrift *Vom Wissen Christi* setzt Weisheit Christi und das göttliche Wort in eins.[137] Darüber hinaus geht die Mystik, etwa bei Meister Eckehart, davon aus, daß »der Sohn« in den Menschen empfangen werde,[138] ging schon die pfingstliche Christologie der johannäischen Schule, aus deren Werk ja Spinoza eine Perikope seinem Traktat als Motto vorangestellt hatte, davon aus, daß der Geist die Menschen vergöttliche. Dort, im Evangelium heißt es, daß all denen Macht und Vermögen gegeben sei, Gottes Söhne zu werden, »die nicht vom Blute noch vom Willen des Fleisches noch vom Willen des Mannes, sondern von Gott und aus Gott allein geboren sind«. (Joh 1,12f.)

Sowohl Spinozas Projekt einer universalistischen Ethik als auch seine mentalistische Konzeption einer unmittelbaren ethischen Einsicht, die sein Aufklärungsprojekt begründet, sind also wirkungsgeschichtlich von altkirchlicher und mystischer Christologie sowie von Einflüssen der Kabbala abhängig und hätten ohne sie so kaum artikuliert werden können. Wenn Spinoza im Jahre 1675 mit Heinrich Oldenburg über die Natur Gottes diskutiert, kann er entsprechend eine Geistchristologie entwerfen, die den ewigen

Sohn Gottes ebenso beschwört wie den Geist Gottes, aber die Menschlichkeit dieses Sohnes bestreitet. Hier erweist sich Spinoza denn doch nicht als nizäanischer Christ, sondern eher als platonisierender, hellenistischer Jude. Auch Philo von Alexandrien und Abraham Abulafia beglaubigten einen Logos als Sohn Gottes.[139]

Womöglich ist die Lehre vom Geist als dem Sohn Gottes, mithin auch von der menschlichen Gotteserkenntnis als Frucht, als Samen, ja als Sohn Gottes nicht nur christliches, sondern auch jüdisches Erbe, wobei für die jüdische Religionsphilosophie allenfalls typisch ist, daß sie diese Sohnschaft des Geistes niemals in der Gestalt eines Menschen verdichtete. Philo von Alexandrien waren derlei Gedanken ebensowenig fremd wie Abraham Abulafia: »Alles geschieht, als ob der Intellekt die Frucht oder der ›Samen‹ Gottes, gelobt sei er, ist und diesem Sinne ist er wahrhaft sein Sohn«, heißt es in dessen Schrift »Das Leben der künftigen Welt«.[140] Der Kampf um klares Denken und klare Erkenntnisse kulminiert dann in nicht weniger als in den Bemühungen der Menschen, den verbannten Sohn Gottes den Mächten der Finsternis zu entreißen, ihn auszulösen. In dieser Tradition eines Strebens nach Heil aus Erkenntnis steht drei Jahrhunderte später auch Spinoza.

»Um endlich [...] meiner Meinung klareren Ausdruck zu geben«, schreibt er zum Jahresende 1675, »sage ich, daß es zum Heile nicht schlechthin notwendig ist, Christus nach dem Fleische zu erkennen, daß es aber etwas ganz anderes ist mit jenem ewigen Sohn Gottes, d. h. mit Gottes ewiger Weisheit, die sich in allen Dingen und am meisten im menschlichen Geiste und von allem in Christo Jesu kundgetan hat. Denn ohne diese Weisheit kann niemand in den Stand der Seligkeit kommen, denn sie allein lehrt, was wahr und was falsch, was gut und was böse ist. Und weil diese Weisheit... sich durch Jesum Christum am meisten kundgetan hat, so haben seine Jünger sie verkündigt, wie sie ihnen von ihm offenbart worden ist, und gezeigt, daß sie sich des Geistes Christi mehr als die anderen rühmen konnten. Wenn übrigens einige Kirchen des weiteren behaupten, Gott habe menschliche Natur angenommen, so habe ich ausdrücklich bemerkt, daß ich nicht weiß, was sie damit sagen. Ja, offen gestanden, scheint mir, was sie damit sagen, gerade so unsinnig, als wenn mir jemand sagen wollte, der Kreis habe die Natur des Quadrats angenommen.«[141]

In gewisser Weise knüpft Spinoza dort wieder an, wo die hellenistisch gebildeten Kirchenväter des zweiten und dritten Jahrhunderts versucht haben, den schlichten Glauben der ersten Gemeinden mit den ontologischen Mitteln des mittleren Platonismus der Vernunft plausibel zu machen. In dieser Tradition scheint die Gestalt des Jesus von Nazareth, die Spinoza stets als den Christus bezeichnet, eher Anlaß, die Grundgedanken einer Geistchristologie zu entfalten als plausibel machen zu können, warum es des Anknüpfens an diese historische Tradition bedarf. Allerdings: daß der Anschluß an die biblische Religion politisch sinnvoll ist, hat Spinoza begründet; daß auch sein eigenes System einer reinen ethischen Einsicht von diesen Voraussetzungen zehrt, unterschlagen. Ohne die begrifflichen Mittel einer Geisteschristologie hängt jedoch die Möglichkeit von Spinozas eigenem Entwurf in der *Ethik* im Leeren. Ohne die Möglichkeit einer unmittelbaren Teilhabe des Denkens an den wahren Prinzipien göttlicher Gerechtigkeit und Barmherzigkeit wäre die Möglichkeit dieses Systems nicht einzusehen. Die auf der menschlichen Fähigkeit zur »intellectio« basierende Geistchristologie entfaltet sich im Gegenzug zu der auf dem Vermögen der »imaginatio« beruhenden biblischen Theologie. Spinoza, so zeigt sich schließlich, bleibt dem Bilderverbot treu und gewinnt gerade aus dessen Potential die Argumente für ein Christentum, daß all jene historisch überlieferten Dogmen vermeidet, die dem gläubigen Judentum ein Anstoß waren. Spinozas Ethik, die sich der Abkehr von bildhafter Rede ebensosehr verdankt wie dem Beharren auf dem wort- und schriftfreien Geist, sollte somit zum Anstoß philosophischer Bemühungen werden, die Bild und Schrift gleichermaßen verschmähten und sich dem in Worten äußernden Geist, dem Denken zuwandten.

Hermann Timm konnte in einer Untersuchung zu den Ursprüngen des deutschen Spinozismus[142] unterstreichen, daß die Rezeption Spinozas und seines Werks entscheidend an der Ausbildung der romantischen Philosophie beteiligt war. Die Gegnerschaft, die später etwa Fichte oder Hegel Spinoza seiner vermeintlichen Unfähigkeit wegen, Freiheit zu denken, haben angedeihen lassen, verdankt sich jedoch ganz und gar ihrer Rezeption Spinozas. Den Thesen des Jerusalemer Philosophiehistorikers Jirmijahu Yovel zum kritischen Verhältnis von Hegel und Spinoza ist deswegen unbedingt dort zuzustimmen, wo es um Hegels Detailkritik an Spinozas System geht. Wo hingegen Yovel die von Hegel behauptete These von Spinozas jüdischen Einflüssen zu ernst nimmt, aber gegen Hegel kehrt und darüber hinaus beider Philosophie noch einmal durch die Differenz von marranischer und protestantischer Grunderfahrung zu kennzeichnen versucht[143], übergeht er meines Erachtens die womöglich für eine nationaljüdische Lesart Spinozas unliebsame Tatsache der jedenfalls teilweise christlichen Präformation von Spinozas Denken.

Hegels späte Kritik an Spinoza in der Enzyklopädie[144] sowie sein frühes Programm in der Phänomenologie, daß die Substanz Subjekt werden müsse,[145] können nicht darüber hinwegtäuschen, daß Hegels Tübinger Zeit ganz und gar von der Debatte um Jacobis Spinoza-Buch bestimmt war.[146] Ebensosehr scheint mir plausibel, daß Hegels Konstruktion des welthistorischen Individuums, z. B. Napoleons als des unbewußten Ausdrucks des Weltgeistes präzise Spinozas Konzeption des Christus wiederholt und daß er – noch in seinen späten Vorlesungen über die Philosophie der Religion – nichts anderes tut, als Spinozas Konzeption des ewigen Sohnes als der Bewegung in der Natur zu beglaubigen.[147] Dies wird deutlich, wenn Hegel im Abschnitt über »die ewige Idee Gottes im Elemente des Bewußtseins und des Vorstellens, oder der Differenz: Das *Reich des Sohnes*« folgendes ausführt:

»Die höhere Betrachtung der Natur und das tiefere Verhältnis, in das sie zu Gott zu stellen ist, besteht vielmehr darin, wenn sie selbst als Geistiges, d. h. als die Natürlichkeit des Menschen gefaßt wird.

Erst wenn das Subjekt nicht mehr auf das unmittelbare Sein des Natürlichen gerichtet ist, sondern als das gesetzt ist, was es an sich ist, nämlich als Bewegung, und wenn es in sich gegangen ist, erst dann ist die Endlichkeit als solche gesetzt...«[148]

Daß es die menschliche Endlichkeit ist, die die Differenz zwischen der Allheit der göttlichen Natur und der Fehlbarkeit sittlich entscheidender Menschen markiert, daß es die Bewegung als Prinzip der Natur und als Motivationsquelle im Denken und Handeln der Individuen ist, die in gewisser Weise das Prädikat »Sohn« verdienen – all dies ist spinozistische Lehre. Daß, wie Hegel schlußfolgert, sich diese Endlichkeit im Prozeß eines Verhältnisses konstituiert, in dem für sie das Bedürfnis der absoluten Idee und eine einzelne Erscheinung zusammenfallen, drückt nur in anderer Weise aus, was Spinoza an der für ihn welthistorisch einmaligen Gestalt des Christus demonstrieren wollte.

So gewiß Hegel also ein protestantischer Denker war, so gewiß übernahm er seine Einsichten der Philosophie eines Marranen. Nur: daraus zu schließen, es handele sich bei Spinozas Werk um eine vor allem jüdische, marranische Philosophie, läuft auf nichts anderes hinaus, als Spinozas individuellen Anteil am Zustandekommen der Philosophie des deutschen Idealismus zu schmälern.[149] Daß die wirkliche Bedeutung Spinozas auf Kosten seines Judentums geht, mag bedauerlich sein, ist aber nicht zu vermeiden. Baruch de Spinoza war in genau dem Sinne ein christlicher Denker, der sich kabbalistischer und christologischer Motive bediente, wie das die auf ihm aufbauenden Philosophen aus Romantik und Idealismus ebenfalls waren. Im Unterschied zu manchen Philosophen des deutschen Idealismus jedoch war der rationalistische Mystiker Spinoza niemals bereit, der metaphorischen Interpretation von Mythen einen höheren Sinn einzuräumen. Die vergleichsweise geringe Bewertung der »imaginatio« im Gegensatz zur »intellectio« zeugt davon. Spinoza bedient sich zwar durchaus der bildhaften Begriffe Gottes, des Sohnes und der Prophetie, legt aber alles darauf an, diesen Begriffen eine allgemein nachvollziehbare, systematisch prinzipielle Deutung zu geben. Die Geistchristologie gab ihm die systematischen Mittel an die Hand, ein zentrales Problem seiner aufklärerischen Ethik zu lösen, nämlich die Frage nach der Möglichkeit einer universellen Fähigkeit aller Menschen zur ethischen Einsicht. Der politische Realist und pessimistische Verfassungstheoretiker freilich wollte auf die Bilder nicht verzichten – und sei es nur aus Gründen der Motivation. Enthält dieses Eingeständnis lediglich Erkenntnisse einer mittelfristig zu beherzigenden Klugheit oder meldet sich hierin nicht doch ein systematisches Problem an: daß nämlich eine Ethik aus reiner Einsicht in Prinzipien, die sich ihres Worumwillens nicht versichert hat, letztendlich wirkungslos bleibt und damit gerade ihre praktische Aufgabe verfehlt? Könnte es also am Ende so sein, daß ausgerechnet das bildhafte Denken die Lösung des Rätsels enthält, warum Menschen denn endlich doch ethisch handeln? Und das in den Geschichten der Schrift – der biblischen Schriften?

»Trotzdem haben die Theologen gemeinhin behauptet, alles Derartige, dessen Unvereinbarkeit mit der göttlichen Natur sie vermöge des natürlichen Lichts einzusehen vermochten, sei bildlich auszulegen, was aber ihre Fassungskraft überstieg, sei buchstäblich zu nehmen. Wenn aber alles, was sich von dieser Art in der Schrift findet, notwendig bildlich auszulegen und zu verstehen wäre, dann wäre die Schrift nicht für das Volk und die ungebildete Menge, sondern nur für die Gelehrtesten und namentlich für Philosophen geschrieben.«[150]

Was also bleibt, sind Bilder oder Begriffe, auf jeden Fall Zeichen, Erinnerungszeichen als Hilfsmittel für das rechte Handeln und den rechten Glauben. Daß die Schrift lediglich der Erinnerung diene, war Platons schärfster Einwand gegen sie. Bilder dienen der Motivation, Schriftzeichen der Erinnerung – nicht einmal Spinoza traut der Souveränität des reinen Denkens.

V. Levinas' Ethik des Antlitzes

Das Auge ist im Wort.
E. J.

Bilder und Buchstaben als Erinnerungszeichen – alles, was den Menschen begegnet, ist zugleich die Spur von etwas anderem. Die bedeutsamsten Zeichen jedoch, so glaubt der französische Philosoph Emmanuel Levinas, der sich programmatisch gegen jeden Begründungszwang wendet und in den Phänomenen des Lebens nach Spuren des Göttlichen und das heißt einer absoluten Moral sucht, finden wir im Antlitz des anderen Menschen, das wir als Spur jenes vorübergehenden, sich verweigernden, gebieterischen Gottes lesen dürfen, der sich Moses am Sinai offenbarte. Allen Vermutungen zum Trotz ist für Levinas dieser Gott jedoch nicht das Urbild des Guten – um die Differenz zu Plato herauszustellen –, sondern jener Fluchtpunkt, in dessen Spur die Menschen unterwegs sein können, ohne ihr doch folgen zu müssen. Hier taucht das Motiv der Bildhaftigkeit und Gestaltlosigkeit Gottes ein weiteres, letztes Mal auf. Während das Christentum die Zuwendung Gottes in der menschlichen Gestalt Jesu erfuhr und so die Menschlichkeit Gottes zu seinem Zentrum machte, während die talmudischen Weisen die Geschichte von Gottes Lächeln als Beglaubigung einer Lebensform sahen, in der Gott seinen Geschöpfen die Interpretation seiner Weisung überließ, wo Spinoza den Gedanken eines menschlichen Gottes für einen logischen Widerspruch hält, wird bei Levinas gerade die Menschlichkeit des Menschen zur Spur Gottes. Die Tendenz der talmudischen Geschichte, Gottes Wirken unter den Menschen gerade in seiner Abwesenheit deutlich werden zu lassen, wird bei Levinas aufgenommen und radikalisiert. Dort, wo die Menschen – im Guten wie im Schlechten – am menschlichsten sind, in ihren ausdrucksvollen Gesichtern, tritt ein Versäumnis, eine Leerstelle, ein Nichtereignis auf, das an Gott erinnert:

»Der Gott, der vorbeigegangen ist«, heißt es in Emmanuel Levinas' Buch *Die Spur des Anderen*, »ist nicht das Urbild, von dem das Antlitz das Abbild wäre. Nach dem Bilde Gottes sein heißt nicht, Ikone Gottes sein, sondern sich in seiner Spur befinden. Der geoffenbarte Gott unserer jüdisch-christlichen Spiritualität bewahrt die ganze Unendlichkeit seiner Abwesenheit, die in der personalen Ordnung selbst ist. Er zeigt sich nur in seiner Spur, wie in Kapitel 33 des Exodus. Zu ihm hingehen heißt nicht, dieser Spur, die kein Zeichen ist, folgen, sondern auf die Andern zugehen, die sich in der Spur halten.«[151]

Wo das Bild Nähe signalisierte, verweisen die Spuren der Schrift auf eine unvordenkliche Vergangenheit, auf eine Ferne, in der Gott als der Abwesende, als Urheber einer Hinterlassenschaft deutlich wird. Sich das Antlitz des Anderen als Spur Gottes verständlich zu machen, widerspricht zugleich der vom christlichen Ikonenglauben vorausgesetzten Inkarnationstheologie. Erst dort, wo das menschliche Antlitz als Spur und wo Gott als ungewisser, aber stets präsenter Verweisungszusammenhang angesehen wird, ist das Bilderverbot zu Ende gebracht. Spuren sind stets Spuren von etwas Verschwundenem und ihrerseits vom Verschwinden berührt. Das hat Jacques Derrida genau gesehen: »Die Spur ist die Selbstlöschung ihrer eigenen Präsenz; sie wird durch Drohung oder die Angst ihres unwiderruflichen Verschwindens, des Verschwindens seines Verschwindens konstituiert. Eine auslöschbare Spur ist keine Spur; sie ist volle Präsenz, eine unbewegliche und unbestechliche Substanz, ein Sohn Gottes, ein Zeichen der Parusia, kein Samen aber, das heißt kein sterbliches Samenkorn.«[152]

Läßt sich derlei metaphysikkritischen Überlegungen, die zudem Levinas' eigenen Ansprüchen gemäß das Fundament einer zeitgerechten Ethik darstellen sollen, ein rational nachvollziehbarer Sinn entnehmen? Oder stellen Überlegungen, die sich zwar auf eine traditionale Ethik beziehen und einer Lebensform der Schrift entnommen sind, ihrerseits nur noch Reminiszenzen an eine Vergangenheit dar, die von der Gegenwart durch eine unüberbrückbare Kluft getrennt ist?

Das Problem, ob sich Menschen überhaupt einsichtigen Normen gemäß verhalten müssen oder nicht, ist eine Frage, die in der neueren Moralphilosophie uneinheitlich beantwortet wird: Mehr oder minder raffinierten Versuchen, diese Frage positiv zu beantworten, stehen immer wieder unterschiedlich inspirierte Sinnlosigkeitsverdikte gegenüber.

Die darüber hinausgehende Frage, wie eine Ethik begründet werden soll, wenn denn eingestanden wäre, daß die erste Frage überhaupt sinnvoll gestellt werden kann, wurde traditionell in zwei Richtungen beantwortet. Die Unterscheidung von deontologischen und teleologischen Ethiken zielt darauf, Empfehlungen für das Handeln einsichtigen Normen gemäß auf der Basis unbedingt geltender Verpflichtungen bzw. allgemein akzeptierter Güter auszuweisen sind. Vor dem Hintergrund dieser Unterscheidung werfen sich für Pflicht- wie für Güterethiken weitere Probleme auf:

Was kann es heißen, den Unbedingtheitscharakter von Pflichten unterschiedlicher Reichweite kognitiv auszuweisen? Was genau soll es heißen, daß irgendeine Forderung – jedenfalls für uns – ohne weitere Voraussetzung gilt? Wie läßt sich sinnvoll von allgemeinsten, allen Menschen gemeinsamen Gütern sprechen? Stellt nicht jede solche Rede empirische, kontingente Behauptungen auf, die alleine ob ihrer Kontingenz zur Begründung allgemein verbindlicher Normen gerade nicht mehr taugen?

In der Moralphilosophie Immanuel Kants sind beide Probleme gegenwärtig. Er versucht einerseits, den Unbedingtheitscharakter moralischen Sollens durch eine Befreiung moralischer Urteile von allen ethischen Inhalten zu erzielen, d. h. sich alleine auf die Form moralischer Urteile zu beziehen. Die rationale Motivation jedoch, etwa dem allgemeinen Imperativ der Pflicht[153] zu folgen, liegt für Kant in der Achtung vor dem Gesetz, d. h. in einem Gefühl, das die Bestimmung des Willens durch das Gesetz und durch das Bewußtsein ausdrückt. Im Gefühl der Achtung drückt sich die Vorstellung eines Wertes aus, der der menschlichen Selbstliebe Abbruch tut.[154] Im Falle der Triebfeder zu moralischem Handeln wird dieses Gefühl jedoch nicht als eine von außen empfangene Stimmung wie Neigung oder Furcht empfunden, sondern als Begleitung einer selbstgewirkten Haltung.

Die Motivation, moralisch zu handeln, stellt sich so als Korrelat reflexiver Freiheitserkenntnis ein: Indem Menschen erkennen, daß es beim moralischen Handeln um nichts anderes geht als darum, kognitiv konsistenten, universalistischen Prinzipien zu folgen, werden sie sich der Übersteigerung ihrer kontingenten Existenz bewußt und ziehen daraus die Kraft, nicht nur moralisch zu urteilen, sondern auch entsprechend zu handeln. Freilich hat Kant dieser Begründung alleine nicht getraut: die Formalität des kategorischen Imperativs, mag er als einsichtiges Motiv noch so sehr auf die Handlungskausalität der Menschen bezogen sein, reicht nicht zu, moralisches Handeln sowohl zu begründen als auch zu motivieren. Deshalb versucht Kant in einem zweiten Durchgang den Gedanken eines absoluten Gutes – also von etwas, »dessen Dasein an sich selbst einen absoluten Wert hat, was als Zweck an sich selbst, ein Grund bestimmter Gesetze sein könnte«[155], zu entfalten. Kant findet dieses Gut in der Einsicht, daß die vernünftige Natur als Zweck an sich selbst existiert, und erhält damit ein objektives Prinzip, einen praktischen Grund, aus dem alle Gesetze des Willens müssen abgeleitet werden: »Handle so, daß du die Menschheit, sowohl in deiner Person, als in der Person eines jeden anderen, jederzeit zugleich als Zweck, niemals aber bloß als Mittel brauchest.«[156]

Die Durchführung des Programms in der Annahme eines Reichs der Zwecke kann immer wieder nur zur Selbstaffirmation der Menschen als freier Akteure führen. Das angesichts dieser Autonomie entstehende Gefühl der eigenen Würde ist daher mit der einsehbaren Fähigkeit verbunden, »allgemein gesetzgebend, obgleich mit dem Beding, eben dieser Gesetzgebung zugleich selbst unterworfen zu sein«.[157]

Kant löst so das Problem nach dem Warum moralischen Handelns durch den Hinweis auf die Würde des autonomen Menschen; die Triebfeder zu moralischem Handeln liegt in der Anerkenntnis der eigenen Freiheit. Wer sich diesem Handeln widersetzt, schändet, so könnte man sagen, die eigene Würde oder, moderater und moderner ausgedrückt: widersetzt sich den Sinnbedingungen des eigenen Handelns. Weitere Fragen, etwa die, warum man denn diesen Sinnbedingungen nicht zuwiderhandeln dürfe, werden unter Hinweis auf die Sinnlosigkeit dieser Frage abgewiesen – ein unmoralisches Handeln aus Freiheit ist mithin konzeptuell unmöglich. Das, was uns als unmoralisch erscheint, ist diesem Strang der Philosophie nach entweder unmöglich oder kaschierter Ausdruck pathischen, unfreien Verhaltens. Die vermeintliche Konsistenz aller kantianischen Deontologien besteht demnach in einer ontologisch voraussetzungsvollen Gleichsetzung von Vernunft und Moral, die die gedankliche Möglichkeit radikaler Freiheit auch zum Tun des Bösen über eine weiter nicht begründete Setzung ausschließt.

Dieser Ausschluß der radikalen Freiheit zum Tun des Bösen kann moralisches Handeln jedenfalls dann nicht begründen, wenn es sich dabei lediglich um eine konzeptuelle Setzung, um eine Selbstvergewisserung des Nachdenkens über mögliches Tun oder Unterlassen handelt. Anstatt dessen sei gezeigt, daß sich der Ausschluß dieser Möglichkeit durch die Reflexion über eine bestimmte menschliche Grundbefindlichkeit plausibel machen läßt, die bisher aus kontingenten historischen Gründen nicht berücksichtigt oder – wenn berücksichtigt – falsch verstanden wurde.

Die angesprochene Grundbefindlichkeit ist die unhintergehbare, stets bedeutsame und erfahrungsgesättigte Konfrontation der Menschen mit anderen, der erwähnte kontingente Umstand besteht darin, daß eine Moral der Freiheit immer nur als eine Moral der Freien und Gleichen konzipiert wurde. Im folgenden sei zunächst das skizziert, was als Moral der Freien und Gleichen bezeichnet werden könnte, um im nächsten Schritt die angesprochene Grundbefindlichkeit zu erläutern.

Egalitäre und paternalistische Ethiken

Schon in den 30er Jahren hat der niederländische Religionswissenschaftler Hans Bolkestein eine typologische Unterscheidung zwischen okzidentalen und orientalischen Alltagsethiken der vorchristlichen Antike getroffen.[158] Mit den Worten des Neutestamentlers

Gerd Theißen läßt sich diese Unterscheidung folgendermaßen umschreiben:

»Während der Okzident Verpflichtungen zwischen Gleichgestellten auf Gegenseitigkeit betone, kenne der Orient vor allem Verpflichtungen des Starken gegenüber dem Schwächeren, ohne dabei immer Gegenseitigkeit zu erwarten. Das okzidentale Gleichheitsethos setze gleichberechtigte Bürger voraus, sei also an die Strukturen republikanischer Polisstaaten gebunden. Das orientalische Barmherzigkeitsethos sei dagegen von den autoritären Gesellschaftsstrukturen des Orients geprägt, wo der sozial Schwache auf das Wohlwollen des Mächtigeren angewiesen sei.«[159]

Die von Bolkestein mit einem eindeutigen, den entstehenden Wohlfahrtsstaat kritisierenden nietzscheanischen Akzent versehene Unterscheidung, die schließlich in eine Kritik an der »Orientalisierung der Gesellschaft« mündet, läßt sich – betrachtet man sie sozialhistorisch – mindestens zweifach deuten:

Der mitleidige Blick – etwa in der prophetischen Ethik – auf das Leiden von Witwen, Armen und Waisen verstärkt entweder eine Sichtweise, in der schließlich alle Menschen zu Abhängigen und Schwachen, und damit zu Objekten paternalistischer, freiheitsberaubender Maßnahmen werden, oder:

Die im Gegenzug zum hellenischen Ethos zunächst von der jüdischen, dann der stoischen Popularethik geforderte Aufnahme auch von Frauen, Kindern und Sklaven in den Kreis der ethisch zu Berücksichtigenden stellt weniger eine Verlängerung paternalistischer Strukturen dar, als vielmehr die Einlösung des in den politischen Ethiken der Hellenen angelegten Gleichheitsideals.

Nun unterscheidet die sozialhistorische Typisierung nicht zureichend zwischen einer ursprünglich wertenden ethischen Erfahrung als *Ausgangspunkt* jeder Moral einerseits und den *Zielvorstellungen* einer Moraltheorie andererseits. Technisch gesprochen: Genesis und Geltung, context of discovery und context of justification moralischer Normen werden nicht klar unterschieden. Nun wäre ja denkbar, daß die für den Bereich propositionaler Sätze und ihres Wahrheitsanspruchs sinnvoll behauptbare Trennung von Genesis und Geltung im Bereich evaluativer, speziell das Handeln betreffender Sätze nicht aufrechterhalten werden kann, daß also die Geltungsgründe für Normen sinnvollerweise nicht von jenen Erfahrungen abgekoppelt werden können, anhand derer sie artikuliert worden sind. Vor dem Hintergrund dieser Vermutung sei eine zweite These aufgestellt: Die Geltung moralischer Aussagen ist unablösbar an die vorausgesetzte Erfahrung aufeinander bezogener Unfreiheit und Ungleichheit gebunden. Die Vernachlässigung dieser Erfahrungsbasis bewirkt nicht nur die häufig beklagte Formalität der kantianischen Ethiken, sondern auch deren oben behauptete Setzungen und Begründungslücken.

Auf die Bedeutung der Erfahrungsbasis hat die neueste Entwicklung kantianischer Ethiken, die Diskursethik, durchaus hingewiesen. So beglaubigt Jürgen Habermas unter Berufung auf Strawson den Umstand, daß Verpflichtungen ihre Wahrnehmungsbasis in moralischen Gefühlen finden [160], um sodann kritisch darauf hinzuweisen, daß auch derartige Gefühle die Sollgeltung von Normen schon voraussetzen, um diese Sollgeltung schließlich – ähnlich Kant – unter Rückgriff auf eine zu Ende geführte Universalisierung zu erläutern:

»Nur im Sinne vollständiger Reziprozität bildet gegenseitige Achtung eine pragmatisch notwendige Voraussetzung dafür, daß sich Interaktionsteilnehmer Rechte und Pflichten zuschreiben.« [161]
Eine auf der Erfahrung der prophetischen Ethik beruhende Moral behauptet demgegenüber, daß das Verständnis dessen, was ein Recht und was eine Pflicht ist, nur auf der Basis asymmetrischer, nicht reziproker Verhältnisse gewonnen werden kann.

Die zur Erläuterung dieses Gedankens gewichtigsten Argumente sind in der philosophischen Ethik dieses Jahrhunderts von dem französischsprachigen Heideggerschüler Emmanuel Levinas vorgelegt worden, dessen eigene, ganz aus der Phänomenologie kommenden Intentionen im Rahmen einer auf die Präzisierungen der analytischen Philosophie eingestellten Terminologie nur schwer darzustellen sind. Es kann daher im folgenden weder um ein Referat noch gar um eine Rekonstruktion seines schwer verständlichen Werkes [162] gehen, sondern nur darum, einige von Levinas' Motiven zu beleihen und sie im Rahmen einer diskursiven Begrifflichkeit zu entfalten.

Die im engeren Sinn ethischen Überlegungen von Levinas beziehen sich auf zwei Interaktionserfahrungen bzw. deren Bezüge, die er mit den Begriffen »Anderer« und »Dritter« umschreibt. Während die Kategorie »Anderer« die ursprüngliche und nicht weiter hintergehbare Erfahrung eines unmittelbaren Verpflichtetseins verdeutlichen soll, dient die Kategorie des »Dritten« dazu, eine systematische Idee sozialer, gesellschaftlicher »Gerechtigkeit« zu begründen. Ich beschränke mich im folgenden auf die Verdeutlichung der ersten Kategorie des »Anderen« und der Konsequenzen, die daraus für die angesprochenen Probleme erwachsen. Levinas' Begriff des »Dritten«, mit dessen Hilfe er entfaltet, wie man auf der Basis der »Theorie des Anderen« zu einer traditionellen, politischen Gerechtigkeitstheorie kommt, bleibt dabei unberücksichtigt.

Die Erfahrung anderer Subjektivität, die als solche ernst genommen wird, hebt – so entwickelt Levinas seinen Gedanken in der Spur der Dialogphilosophie der zwanziger Jahre – die von der Phänomenologie in der Erkenntnistheorie stets vorausgesetzte Intentionalität auf: Wird die Erfahrung anderer menschlicher Existenz ernst genommen, so zeigt sich, daß zwischenmenschliche Nähe jeder Vermutung über eine einseitige subjektive Leistung vorausgeht. Konnte Descartes noch ein »Ich denke, also bin ich« postulieren, so läßt ein Ernstnehmen der Erfahrung Anderer nur noch Aussagen des folgenden Typs zu: »Ich werde angeblickt, ich werde angesprochen, berührt, gegrüßt – also bin ich.« Wenn dem so ist, so stehen die Menschen in gewisser Weise in der Schuld der Anderen, ist jeder Mensch dafür verantwortlich, daß es Andere gibt, und muß jeder Mensch wissen, daß er jede seiner Lebensäußerungen letzten Endes Anderen verdankt. Dieses wechselseitige Aufeinanderverwiesensein stelle eine vormoralische, vor jeder implizit oder explizit übernommenen Verpflichtung wechselseitige Schuld dar.

»Der Nächste betrifft mich vor jeder Übernahme, vor jeder bejahten oder abgelehnten Verpflichtung. Ich bin an ihn gebunden – an ihn, der gleichwohl der Erstbeste ist, ohne Personenbeschreibung, nicht zum Ganzen passend – [...] Nicht deshalb betrifft mich der Nächste, weil er als einer erkannt wäre, der zur selben Gattung gehört wie ich. Er ist gerade Anderer. Die Gemeinschaft mit ihm beginnt in meiner Verpflichtung ihm gegenüber. Der Nächste ist Bruder. Als unkündbare Brüderlichkeit, als unabweisbare Vorladung ist die Nähe eine Unmöglichkeit, sich – ohne ›Entfremdung‹ oder schuldlos – davonzumachen...«[163]

Das in der Phänomenologie – etwa bei Heidegger stets bemühte Existenzial der Nähe[164] ist – so kann Levinas zeigen – systematisch unterbestimmt, wenn nicht die ursprüngliche Erfahrung der Nähe eines anderen, die nur die Nähe eines anderen Menschen sein kann, berücksichtigt wird. Diese Nähe äußert sich im Ausdrucksgeschehen der Gesichter anderer Menschen, die ihrer Andersheit wegen jeder Phänomenalität zugrundeliegen und damit zugleich weniger sind als jedes erfahrene Phänomen. Das Gesicht eines anderen Menschen zu verstehen, überschreitet – so meint Levinas – jede erfahrene Gegenwart und verweist auf eine zwanghafte Urbeziehung und unbezweifelbare Wirklichkeit:

»In der Nähe wird ein Gebot vernehmbar, das gleichsam aus einer unvordenklichen Vergangenheit kommt: die niemals Gegenwart war, die in keiner Freiheit begonnen hat. Diese Weise des Nächsten heißt Gesicht. Das Gesicht des Nächsten bedeutet mir eine unabweisbare Verantwortung, die jeder freien Zustimmung, jedem Pakt, jedem Vertrag vorausgeht.«[165]

Geistesgeschichtlich gesehen beerbt Levinas mit dieser Auffassung ethische Intuitionen des biblischen und rabbinischen Judentums. In einer rabbinischen Sammlung von Predigten zum Hohen Lied heißt es etwa: »Solange ich draußen war / war ich es / der für andere haftete! / Nun da ich drin bin / bedarf ich da nicht anderer / die für mich haften?«[166]

Systematisch fragt sich freilich, in welchem Sinn wir mit Levinas – über die Diskursethik hinaus, die sich an den in jedem Sprechakt mitartikulierten und kontrafaktisch unterstellten minimalen, reziproken und daher legitimen Sozialerwartungen orientiert – von einer vorpropositionalen wechselseitigen Verantwortung sinnvoll sprechen können. Läßt sich von Pflichten und Verantwortungen angemessen sprechen, ohne auf wechselseitig anerkannte

Regeln zu rekurrieren? Läßt sich von Regeln sinnvoll sprechen, ohne dabei von dem in dieser Hinsicht stets vorgängigen transzendentalen Potential der Sprache zu zehren? Levinas komplexe und nicht immer klare Theorie des menschlichen Gesichtes läßt sich vielleicht so paraphrasieren: Menschliche Gesichter enthalten als Ausdrucksphänomen und Zeichen – vor jedem sprachlichen Regelwissen – so etwas wie einen primitiven, unmißverständlichen Appell. Aus einer naturalistischen Beobachterperspektive dürfte dieser Befund kaum zu bezweifeln sein – Psychologie und vergleichende Verhaltensbiologie konnten eine Fülle bisher nicht widerlegter empirischer Belege dafür aufbieten, daß der gestische Ausdruck von Schmerz, Angst oder Traurigkeit von allen Menschen unter ganz unterschiedlichen Kontextbedingungen übereinstimmend verstanden wird.[167] In moralphilosophischen Debatten ist jedoch allen Versuchen der Begründung einer Ethik auf einer so oder ähnlich inspirierten mitleidsethischen Basis, die in der Tradition am überzeugendsten von Arthur Schopenhauer entfaltet wurde[168], zweierlei überzeugend entgegengehalten worden:[169]

a. Aus derartigen Impulsen läßt sich kein Begriff der Gerechtigkeit ableiten – ohne eine Theorie der Gerechtigkeit aber läßt sich nicht gehaltvoll von Moral sprechen sowie
b. Die Ableitung einer Aufforderung aus der Feststellung eines Tatbestandes, etwa eines Gesichtsausdrucks, stellt einen naturalistischen Fehlschluß dar.

Während es zur Stützung von Levinas' Überlegungen keineswegs nötig ist, das erste Argument zu bestreiten, könnte gegen das zweite Argument vorgebracht werden – so etwa W. Frankena –, daß es sich selbst einer unbegründeten, definitorischen Setzung, wenn nicht gar seinerseits einem entsprechenden Fehlschluß verdanke.[170] Aber: auch eine derart aufwendige Argumentation ist in diesem Zusammenhang gar nicht nötig. Anstatt dessen genügt die Behauptung, daß die Wahrnehmung eines leidendes Gesichts genausoviel oder genausowenig die Feststellung einer Tatsache ist wie das Hören einer sprachlich artikulierten, performativen Äußerung. Auch zu solchen Äußerungen können wir schließlich eine beobachtende Haltung einnehmen und uns etwa angesichts einer Bitte sagen: »Ich stelle fest, daß eine Person den Sprechakt einer an mich gerichteten Bitte vollzieht. Aus dieser Tatsache folgt für mich freilich im Sinne eines ethischen Sollens nichts.«

Daß eine derartige Haltung, auf das Ganze unserer Sprechhandlungen bezogen, einer »objectivist fallacy« gleichkäme, braucht nicht weiter erläutert zu werden. Zu fragen bleibt nur: warum in irgendeiner Weise verpflichtende Teilnehmerperspektiven lediglich in sprachlichen Interaktionen vorkommen sollen? Wenn aber – zumal was den sozialen Bindungscharakter intersubjektiver Gesten angeht – die Sprechsprache nicht das einzige Kommunikationsmedium ist, dann entscheidet sich die Frage nach einer mitleidsethischen Begründung der Moral einmal mehr am Problem der Hintergehbarkeit der Sprache.[171] Dieses Problem ist indessen kein rein moralphilosophisches, sondern ein allgemeines erkenntnistheoretisches Problem. (Daß derzeit bedeutende, der analytischen Tradition entstammende Philosophen wieder an einer basalen »Theory of mind« arbeiten, sei der Vollständigkeit halber erwähnt.[172]) Levinas freilich strebt nicht nur die Hintergehbarkeit der Sprache in Richtung dessen an, was etwa E. Holenstein als »prototypische Erfahrung«[173] bezeichnet hat, sondern wollte zudem deutlich machen, daß diese prototypische Erfahrung immer die Erfahrung einer empfundenen Schuld ist. Dabei verbindet Levinas drei unterschiedliche Argumentationsstränge:

a. Ein erstes Argument entfaltet aus der Teilnehmerperspektive vorsprachlich decodierte gestische Appelle als verständliche Ausdruckshandlungen;

b. Ein zweites Argument trifft aus der Perspektive des beobachtenden Philosophen die Feststellung, daß diese von jedem Menschen erfahrenen Anmutungen ihn zugleich als sinnverstehendes, erfahrendes Wesen konstituieren;

c. Ein dritter Argumentationsgang interpretiert die Konstitutionsthese so, daß damit der genetische und systematische Vorrang normativer Beziehungen zwischen Menschen als Voraussetzung auch ihrer kognitiven Fähigkeiten erwiesen sei.

Es zeigt sich, daß Levinas' Argumentationsgang mit Ausnahme der ersten These der Entwicklung einer auch empirisch überprüfbaren Universalpragmatik exakt parallel geht. Der entscheidende Unterschied zwischen einer Ethik, die wie die Diskursethik auf implizit anerkannte sprachliche Geltungsansprüche, und der phänomenologischen Ethik, die auf einseitig verstandene Anmutungen gestischer Art setzt, beruht in ihrer symmetrischen bzw. asymmetrischen Konstruktion.

Während eine Ethik der Symmetrie, die auf den reziproken Regeln der Sprechsprache beruht, die unmittelbare Perspektive des Teilnehmers immer schon verlassen hat, beharrt eine Ethik der Asymmetrie auf der Unüberholbarkeit der leiblich vermittelten Standortgebundenheit. Wolfgang Krewani hat das so formuliert: »Die Asymmetrie ist die Tatsache, daß das Subjekt als ethisches seine Perspektive nicht verlassen kann zugunsten einer ›objektiven‹ Überschau über das Verhältnis. Das ethische Verhältnis zum Anderen ist grundsätzlich verschieden von der objektivierenden Vorstellung des Verhältnisses.«[174]

Die Asymmetrie der prototypischen ethischen Erfahrung hat dann freilich Konsequenzen für die Ethik selbst. Sie ist insofern asymmetrisch, als dem unbedingten Anspruch der Anderen an mich keine gleichwertigen oder gleichberechtigten Ansprüche meiner an sie korrespondieren. Asymmetrie bedeutet in diesem Zusammenhang, daß ich die Schuld, die ich den Anderen gegenüber verspüre, nicht in gleicher Weise als ihre Schuld mir gegenüber einklagen kann, da es mir – jedenfalls nach Levinas' – unmöglich ist, mich so in ihre Situation hineinzuversetzen, daß ich sie als mir gegenüber verpflichtet verstehe und dies ihnen gegenüber auch geltend machen darf.

Eine asymmetrische Theorie der Sprache – Eugen Rosenstock-Huessy

Es wäre anzufügen, daß eine sprachtheoretisch begründete Ethik nicht notwendigerweise von Reziprozitäts- und Symmetrievorstellungen ausgehen muß. Auch eine Theorie der Sprache kann vom Gedanken der Asymmetrie ausgehen. In diesem Sinne hat der in der Tradition der Dialogphilosophie stehende Eugen Rosenstock-Huessy in seiner 1956 erschienenen »Soziologie« die neuere Philologie kritisiert, die sich zwar um das »Sagen, Sprechen, Schreiben« kümmere, aber nicht um das »Rufen, Anrufen, Berufen«.[175] Damit habe die neuere Philologie das zum Sprechen notwendig komplementäre Hören übergangen und zugleich einem falschen Bild des Sprechens und damit einer inauthentischen Vorstellung von Sprechen und Hören Vorschub geleistet. Das Abblenden des Hörens vom Sprechen verdeckt demnach die konstitutive Sozialität allen Sprechens und den vergemeinschaftenden Zwang, den es ausübt. Das Ausblenden des Hörens nährt zudem die Illusion, daß das Sprechen nichts anderes sei als das monologische Ausdrücken von Gedanken des Sprechers. Die herrschende Sprachwissenschaft – so Eugen Rosenstock-Huessy –, die Hörer und Sprecher nicht als Pole eines umfassenden Sprachstromes ansehe und zudem verkenne, daß jeder Hörer immer auch Sprecher und jeder Sprecher Hörer sei, befördere sowohl Inauthentizität als auch Entfremdung:

»Der Sprecher, der nicht eine Verbindung mit dem Hörer eingeht, und der Hörer, der nicht mit dem Sprecher vereinigt bleibt, sollen uns beide als falsche Sprecher, falsche Hörer gelten [...]. Der Sprechzwang umfaßt Mund und Ohr, die Rollenverteilung zwischen Mund und Ohr ist zweiten Ranges. Ersten Ranges ist nur die Anerkennung, daß Sprecher und Hörer wie ein Mensch dem Anruf des Logos entsprechen müssen.«[176]

Jeder einzelne Hörer / Sprecher und alle Hörer / Sprecher gemeinsam sind damit in ein alternativenloses und daher zwingendes soziales Verhältnis gestellt. Daß der für Rosenstock in sich falschen Philologie diese sozialen Züge des Sprechens entgangen seien, liege in einer Art bürgerlicher Zufriedenheit bzw. technischen Weltbeherrschungsinteresses. Indem Rosenstock darauf hinweist, aus welchen Erfahrungen er selbst die Sozialität des Sprechens erfaßt hat und auf welche sprachlichen Phänomene eine angemessene Sprachtheorie zurückzugreifen habe, legt er zugleich die paradigmatischen Fälle seiner Sprachtheorie fest, nämlich Befehl und Gelübde. Faktisch und im Alltag seien es mithin Imperative, an denen deutlich werde, daß Sprechen mehr sei als nur eine lautliche Darstellung. Historisch und systematisch aber seien es genau diese Fälle, die das Wesen der Sprache als einseitige Selbstverpflichtung erhellen:

»Wer im ganzen sechs Jahre Uniform trägt [...], der wird auf das gestoßen, was alle neuzeitliche Philosophie und Philologie nicht wahrhaben wollten: daß der Imperativ dem Indikativ vorausgeht, und daß Gehorsam und Befehl die ersten Äußerungen sind, dank derer die uns zur Verzweiflung bringende Unordnung bewältigt wird...«[177]

Die Sprachtheorie Rosenstock-Huessys, die sich eher in impressionistischen Andeutungen als in philologischen und linguistischen Ausarbeitungen darstellt, beweist zumindest, daß auch in einer linguistisch gewendeten, empirisch interessierten Philosophie andere Ausgangsintuitionen möglich sind – Ausgangsintuitionen, die auch im Bereich der Sprache auf der Erfahrung der Asymmetrie beruhen.

Nun beruht die ganze Diskursethik mitsamt ihrer philosophischen Anerkennungstheorie[178] und ihrer soziogenetischen Theorie der Perspektivenübernahme[179] auf der Annahme, daß so etwas wie eine universale Rollenübernahme möglich ist. Diese dem amerikanischen Pragmatismus, speziell der Theorie von G. H. Mead entliehene Gedankenfigur[180] erstaunt im Rahmen der Diskursethik insofern, als sie damit eine gleichsam naive Lehre von der Möglichkeit des »Sichhineinversetzens« in andere verlängert, die in der Theorie historischen Verstehens spätestens seit Gadamers Kritik an Dilthey erledigt ist. Bestreitet man in diesem Sinn also die Möglichkeit universeller Rollenübernahme, so gilt als generalisierte Erfahrung lediglich der absolute Vorrang unserer Verpflichtung gegenüber den anderen. Wie stark ist diese Verpflichtung – läßt sich auf der Basis eines über Gesten vermittelten Verpflichtungsgefühls eine Ethik konstruieren?

Antlitz, Geisel und Spur

Die Anderen, um die es uns nach Levinas – ob wir wollen oder nicht – immer geht, nähern sich uns in der Form ihres Gesichtes. Das Gesicht der Anderen als bedeutsamstes Ausdrucksphänomen in leibbezogenen Hermeneutiken stellt zugleich einen Bedeutungszusammenhang her, in dem sich das, was uns da mit seinem Anspruch entgegentritt, zugleich wieder entzieht. Angesichts der wahrgenommenen Zeitlichkeit der anderen Menschen in den Zeichen, den Spuren ihres Gesichts, in dem sich Verletzlichkeit, Sterblichkeit, Alter und Preisgabe kundtun, machen wir in reflektierter Weise eine weitere, ethisch bedeutsame Erfahrung: die eigene mögliche Bereitschaft, dem Anspruch der Anderen zu genügen, kommt immer zu spät!

Der Umstand, daß wir aufgrund dieser Erfahrung des Zuspätkommens dem Anderen, dem wir verpflichtet sind, niemals rechtzeitig genügen können, verschärft nicht nur die Spannung des ethischen Anspruchs, sondern erweist diesen Anderen auch als die Spur des Unendlichen und damit Absoluten. Levinas' Theorie vom Gesicht als eines sich entziehenden bedeutsamen Ausdrucksphänomens schlägt spätestens hier in Theologie um.

»Als Spur seiner selbst, meiner Verantwortung anbefohlen und von mir verfehlt, schuldhaft, als sei ich verantwortlich für seine Sterblichkeit und schuldig dadurch, daß ich überlebe – in solcher Weise ist das Gesicht eine anachronistische Unmittelbarkeit, direkter als die des Bildes, das sich der Direktheit der Anschauungsintention darbietet. In der Nähe habe ich den absolut Anderen, den Fremden, ›den ich weder in meinem Schoß getragen noch zur Welt gebracht habe‹, schon auf dem Hals, trage ich ihn schon, wie es in der Bibel heißt, ›an meinem Busen, wie die Amme den Säugling trägt‹. Er hat keinen anderen Ort, der Nicht-Eingeborene, Entwurzelte, Heimatlose, Nichtseßhafte, der Kälte und der Hitze der Jahreszeiten Ausgesetzte. Gezwungen sein, auf mich zurückzukommen, genau das ist die Heimatlosigkeit oder die Fremdheit des Nächsten. Ich habe für sie aufzukommen.«[181]

Die Verweisungszusammenhänge, die das Antlitz des anderen erschließen, verbunden mit dem Umstand der Urerfahrung, daß Menschen füreinander sind und immer schon füreinander eintreten mußten, geben einer schrifttheoretischen Lesart dieser Erfahrungen Raum.

Die »Schrift als die Sprache des Abwesenden« (S. Freud) führt nach Levinas' Auffassung – liest man das Antlitz des anderen wie eine Schrift – zur Wahrnehmung eines im strikten Sinne unabschließbaren und damit unendlichen Verweisungszusammenhanges mit ethischer Bedeutung. Zugleich hat die Erfahrung des immerwährenden Zuspätseins auf die konstitutive moralische Unvollkommenheit eines jeden Akteurs verwiesen. Die Erfahrung dieser Unvollkommenheit aber interpretiert Levinas traditionell cartesianisch: »Um meine eigene Unvollkommenheit zu kennen, muß ich die Idee des Unendlichen haben, die auch die Idee des Vollkommenen ist, wie Descartes weiß.«[182]

Die Grunderfahrung des moralischen Ungenügens, wenn man so will des schlechten Gewissens, setzt ein Wissen, eine Intuition voraus, nämlich die Intuition eines Genügens, einer angemessenen Entsprechung. Dies Ungenügen und jene Idee einer angemessenen Entsprechung aber können und müssen wir einzig und allein in der Konfrontation mit dem Antlitz anderer Menschen erfahren. Moralisches Handeln mißt sich darum an der Idee einer niemals einlösbaren Entsprechung, an etwas, das immer schon vorbei ist und auch künftig nicht zu erreichen ist – die kantianische Tradition hat derlei als regulative Idee, die neuere Philosophie als unaufgebbare Idealisierung bezeichnet.

Dem in normalen Interaktionen stets gegenwärtigen Anspruch im Wissen folgen zu müssen, ihn nicht einlösen zu können, konstituiert nicht nur die Ethik, sondern stellt – über die Idee der Unendlichkeit – zugleich so etwas wie die letzte Möglichkeit dar, noch gehaltvoll von Gott sprechen zu können: Ethischer Imperativ und ethisches Ungenügen gegenüber dem, gegenüber jedem anderen verweisen auf etwas, das sich schon immer entzogen hat. Heißt das, daß aus dem Antlitz des anderen etwas Unendliches, Göttliches spricht? Levinas interpretiert die gebieterische Erfahrung universaler Ausdrucksgesten im Sinn der Hebräischen Bibel:

»Der Gott, der vorübergegangen ist, ist nicht das Urbild, von dem das Antlitz das Abbild wäre. Nach dem Bilde Gottes sein heißt nicht, Ikone Gottes sein, sondern sich in seiner Spur befinden. Der geoffenbarte Gott unserer jüdisch-christlichen Spiritualität bewahrt die ganze Unendlichkeit seiner Abwesenheit, die in der personalen Ordnung selbst ist. Er zeigt sich nur in seiner Spur, wie in Kapitel 33 des Exodus. Zu ihm hingehen heißt nicht, dieser Spur, die kein Zeichen ist, folgen, sondern auf die Anderen zugehen, die sich in der Spur halten.«[183]

Läßt sich auf der Basis einer asymmetrischen, prototypischen Ausdruckserfahrung, die uns lebensweltlich bedeutet, worum es in Regelungen, die wir als »moralisch« bezeichnen, geht, tatsächlich noch ein Gottesbeweis führen?

Moderne religionsphilosophische Argumentationen haben sich von ontologischen Fragen nach der Möglichkeit oder Wirklichkeit Gottes im Sinne einer theoretischen Frage weitestgehend entfernt und fragen anstatt dessen – schwächer – nach rationalen Begründungen für existentielle Grundhaltungen wie Vertrauen oder Zuversicht angesichts belastender Lebensumstände. [184] Theologische Argumente im engeren Sinne zielen dann darauf, systematische Gründe für existentielle Lebenshaltungen in Anlehnung an die Interpretation traditionaler religiöser Schriften auszuweisen. Bei Levinas geht es nun nicht nur um die systematische Entfaltung ethischer Motive, die in der biblischen Tradition angelegt sind, sondern auch um den Nachweis, daß zentrale Elemente einer deontologischen Moralphilosophie nicht anders zu gewinnen sind als durch den Rückgang auf Erfahrungen, die in anderer Sprache in den biblischen Schriften angelegt sind.

Die anfangs vorgetragene These lautete, daß jenes Unbedingte, das noch Kant im Sittengesetz vorfand, unausgewiesen und die Beantwortung der Frage, warum man moralisch sein solle, dennoch nicht sinnlos sei. Zudem wurde behauptet, daß die sinnvolle Beantwortung dieser Fragen auf eine prototypische, leibgebundene Erfahrung verweist, die sich nicht auf die in der Umgangssprache kontrafaktisch angelegten Präsuppositionen reduzieren läßt, aber gleichwohl unerläßlich ist, um zu verstehen, worum es in der Moral geht. Vielmehr scheint es, daß wir dasjenige, was wir als im engeren Sinne moralische Geltung – die anders ist als propositionale, evaluativ-ästhetische oder evaluativ-praktische Geltung – akzeptieren, in seinem Geltungsanspruch dann und nur dann verstehen können, wenn wir uns auf eine Hermeneutik dieser leibgebundenen, prototypischen Erfahrung einlassen. Lassen sich aus einer solchen Hermeneutik leibgebundenen Zeichenverständnisses ohne weitere Voraussetzungen theologische Schlußfolgerungen ziehen? In welchem Sinn ließe sich dann davon sprechen, daß es hier um etwas geht, das Religionsphilosophie und Theologie teuer ist, nämlich um etwas »Unbedingtes«?

Das Unbedingte, und hier denkt Levinas konsequent in der Spur der biblischen Tradition, besteht in einem übertretbaren Imperativ, nämlich dem Gebot, nicht zu töten. Dieser Imperativ erklingt in einer nichtsprachlichen Erfahrung:

»Dem Anderen von Angesicht zu Angesicht gegenüberstehen – das bedeutet, nicht töten zu können. Dies ist zugleich die Situation der Rede.«[185]

Die phänomenologische Begründung der Achtung der Menschen voreinander durch die Entfaltung prototypischer leibgebundener Erfahrungen legt jenen Grund frei, jene Erfahrung, in der wir eben nicht frei, sondern gefesselt und von der wir – wie Levinas immer wieder sagt – besessen sind. Dies bedeutet nicht, daß wir den schwachen, wertenden Impulsen dieser Erfahrung nicht zuwiderhandeln könnten – im Gegenteil: auch ein gültiger Anspruch ist nur ein Anspruch, kein Naturzwang.

Die unbedingte Geltung einer Ethik der Verschonung – so ließe sich Levinas' Versuch vielleicht bezeichnen – meldet sich gerade durch ihren schwachen, appellativen Charakter hindurch; nicht anders als der sogenannte zwanglose Zwang des besseren Arguments, gegen den sich ja auch jederzeit verstoßen läßt. Im Unterschied zu diskurstheoretischen Begründungsversuchen gesteht Levinas jedoch den moralischen Zwang, der hinter dem Anspruch auf Verschonung steht, grundbegrifflich ein. Indem wir den Anderen verschonen bzw. ihm zu helfen gehalten sind, sind wir tatsächlich in unserer Freiheit eingeschränkt, läßt sich die kantianische Fiktion eines Zusammenfallens von formaler Rationalität, Freiheit und Moralität nicht aufrechterhalten. Die ethische Grundsituation, die moralische Urerfahrung ist durch angesonnene Unfreiheit, durch das Verbot, den Anderen anzutasten, gekennzeichnet. In der Unmöglichkeit, dieser Erfahrung zu widersprechen – nicht, weil damit ein konstitutionstheoretischer Selbstwiderspruch entstünde, und auch nicht deswegen, weil damit die eigenen, anerkennungstheoretisch ausgewiesenen Lebensgrundlagen gleichsam funktionalistisch unterminiert würden –, wird deutlich, worum es einer auf Intersubjektivität ausgerichteten Ethik nur gehen kann. Hier wird auch deutlich, warum die Ethiken der Symmetrie und Reziprozität den eigenen Ansprüchen entgegen letztlich monologisch strukturiert sind: Verstöße gegen funktional ausgewiesene Lebensgrundlagen bzw. Widersprüche gegen konstitutionstheoretische Grundlagen vernünftigen Selbstverständnisses denken immer noch vom Subjekt, und nicht von der Erfahrung des Anderen her, haben also die vielberufene Ablösung vom subjektivitätstheoretischen Paradigma nicht wirklich vollzogen. Erst, wenn an die Stelle des subjektiven Prüfens von Widersprüchen oder der Kalkulation der Gefährdung eigener sittlicher Existenzgrundlagen die unverkürzte Wahrnehmung des Anderen tritt, wäre die moderne Subjektivitätsphilosophie überwunden.

»Das Ethische«, so Levinas, »ist jenes Feld, das durch das Paradox eines mit dem Endlichen in Beziehung stehenden Unendlichen beschrieben wird, welches sich gleichwohl durch diese Beziehung nicht Lügen straft. Das Ethische ist das Zerbersten der Ureinheit der transzendentalen Apperzeption – das heißt das Jenseits der Erfahrung.«[186]

Die Überwindung der subjektphilosophischen Paradigmen kann mithin keine interne, immanente, an argumentationsprüfenden Verfahren orientierte Leistung und auch nicht, wie es die diskurstheoretischen Ethiken wollen, eine transzendentale Reflexion auf die Sinnbedingungen des eigenen Handelns darstellen, sondern allenfalls aus der Bereitschaft erwachsen, den Anspruch der wirklichen Anderen zu hören, sie als die Anderen in das eigene Denken einbrechen zu lassen. Dieser nicht weiter begründbare, sondern nur hörbare oder eben übergehbare wirkliche Anspruch mag in seiner ausdrucksgebundenen Insistenz das verdeutlichen, was jedenfalls die biblischen Religionen meinen, wenn sie von »Gott« und seiner Offenbarung sprechen.

Aus Emmanuel Levinas' Ethik der Asymmetrie folgt deshalb kein Gottesbeweis, sondern im besten Falle ein Erläuterungsvorschlag für die sinnvolle Verwendung des Begriffs von Gottes Weisung. Daß die dafür in Anspruch genommenen Grundbefindlichkeiten sich wirklich auf das beziehen lassen, was die Tradition als »Gott« bezeichnete, dafür steht bei Levinas die Unbedingtheit des Anspruchs auf Verschonung eines jeden menschlichen Antlitzes.

Mit welchen Sorten von Argumenten ließe sich dieser Anspruch hinwegdiskutieren? Dem Hinweis jedenfalls, daß man von einer derartigen Erfahrung aus keine Theorie der Gerechtigkeit begründen könne, ließe sich entgegenhalten, daß sich ohne ein Vorverständnis dieser oder ähnlicher Erfahrungen noch nicht einmal sagen ließe, worum es bei einer Theorie der Gerechtigkeit im Unterschied zu einer Theorie mathematischer Widerspruchsfreiheit überhaupt geht.

Levinas' »Theorie« der Ethik stellt, wie wir gesehen haben, weniger eine Lehre von der Begründung schlüssiger Grundsätze dar, als vielmehr eine Theorie der Lektüre des Leidens im Buch des menschlichen Antlitzes. Die am Leitfaden des Lesens geklärte Beziehung der Menschen zu ihren Nächsten, die ihnen immer als Gesichter erscheinen, deren Zeichen willentlich oder unwillentlich gelesen werden müssen, konfrontiert sie mit einem Gebot, das für Levinas nicht weiter abweisbar ist. Deshalb ist Levinas' Theorie auch keine Theorie der Gerechtigkeit, sondern – in der Fluchtlinie der Hebräischen Bibel – eine Theorie des Gebots. Erst eine solche Theorie des – in der Tora niedergeschriebenen – Gebots kann verständlich machen, warum bestimmte als gerecht angesehene Prinzipien überhaupt in Geltung treten. Levinas' Phänomenologie versucht dieses Problem durch eine Theorie ethischer Erfahrung zu begründen. Letzten Endes beglaubigt er aber nur die Erfahrung des Judentums, daß Gott im geschriebenen und gemeinsam zu lesenden Buch seinen Ort hat. Auch für diesen Umstand hat Jacques Derrida in einer Rezension der Gedichte von Edmond Jabès die treffenden Worte gefunden:

»Sein heißt im Buch sein, auch wenn das Sein nicht jene Natur ist, die das Mittelalter oft das Buch Gottes genannt hat. Gott selbst entspringt im Buch, das somit den Menschen an Gott und das Sein an sich bindet.«[187]

Anmerkungen

1 G. Bergfleth, *Kritik der palavernden Vernunft*, München 1984, S. 181
2 M. Horkheimer / Th. W. Adorno, *Dialektik der Aufklärung*, Frankfurt am Main 1981, S. 24f.
3 E. Nolte, *Geschichtsdenken im 20. Jahrhundert*, Berlin / Frankfurt am Main 1991, S. 329
4 a. a. O.
5 a. a. O., S. 576
6 H. Conzelmann, *Heiden-Juden-Christen*, Tübingen 1981, S. 58
7 G. W. F. Hegel, *Vorlesungen über die Ästhetik*, Frankfurt am Main 1970, S. 482
8 M. Demsky / M. Bar-llan, »Writing in Ancient Israel and Early Judaism, in: M. J. Mulder (Ed.), Mikra, Assen / Maastricht; Philadelphia 1988, S. 8f.
9 A. Schlott, *Schrift und Schreiber im Alten Ägypten*, München 1989
10 J. Derrida, *Grammatologie*, Frankfurt am Main 1990, bes. S. 244f. Ders., *Die Schrift und die Differenz*, Frankfurt am Main 1972
11 Derrida 1990, S. 97
12 A. Demsky / M. Bar-llan, S. 11f., S. 21f.
13 Vgl. H. Donner, *Geschichte des Volkes Israel und seiner Nachbarn in Grundzügen* 2, Göttingen 1986, S. 339f., sowie R. Albertz, *Religionsgeschichte Israels in alttestamentlicher Zeit* 1, Göttingen 1992, S. 307f., sowie J. Assmann, *Das kulturelle Gedächtnis,* München 1992, S. 196f.
14 C. Perrot, »The Reading of the Bible inb the ancient Synagogue«, in: M. J. Mulder (Ed.), S. 137–159
15 Jesus Sirach, 50.20
16 Zu den Gottesnamen vgl. den Artikel »God, Names of« in: *Encyclopedia Judaica* Bd. 7, S. 674–686
17 J. Goody, *Die Logik der Schrift*, Frankfurt am Main 1990; J. Assmann, *Das kulturelle Gedächtnis*, München 1992
18 J. Assmann, *Ägypten, Theologie und Frömmigkeit einer frühen Hochkultur*, Stuttgart, S. 232f.
19 *Die Vorsokratiker*, ausgewählt, übersetzt und erläutert von J. Mansfeld, Stuttgart 1987, S. 223
20 a.a.O., S. 225
21 Platon, Der Staat. 382d *Werke*, Bd. 4, Darmstadt 1990

22 a.a.O., S. 161. 378c
23 W. Burkert, *Antike Mysterien*, München 1990, S. 56f.; M. Giebel, *Das Geheimnis der Mysterien*, München 1993
24 Platon a.a.O., S. 175
25 a.a.O. 379a, S. 163
26 G. Thomson, *The first philosophers*, London 1955
27 E. A Havelock, *Schriftlichkeit, Das griechische Alphabet als kulturelle Revolution*, Weinheim 1990
28 a. a. O., S. 28f.
29 W. Burkert, *The orientalizing Revolution*, London 1992, S. 25–29
30 M. Bernal, *Black Athena*, 2 Bde., New Brunswick 1991
31 Flavius Josephus, *Kleinere Schriften*, Wiesbaden 1993, S. 173
32 Herodot, *Historien II*, München 1961, S. 7; S. 33f.
33 L. H. Feldman, *Jew & Gentile in the ancient World*, Princeton 1993, S. 3–6
34 Feldman, a.a.O., S. 7/8
35 Dagegen die historisch-etymologische Ableitung im »Historischen Wörterbuch der Philosophie«, Bd. 7, Darmstadt 1989, S. 574
36 a.a.O.
37 Iamblichos, *Pythagoras*, Zürich 1963, S. 17
38 a.a.O.
39 a.a.O., S. 95
40 E. Tov, »The septuagint«, in: M. J. Mulder (Ed.), S. 159–188
41 P. Veyne, *Glaubten die Griechen an ihre Mythen?* Frankfurt am Main 1987, bes. S. 55f.
42 M. Horkheimer / Th. W. Adorno a. a. O., S. 24f.
43 a.a.O., S. 167
44 B. Lang (Hg.), *Der einzige Gott – Die Geburt des biblischen Monotheismus*, München 1981; E. Haag (Hg.), *Gott, der einzige. Zur Entstehung des Monotheismus in Israel*, Freiburg 1985; H. Donner, *Geschichte des Volkes Israel und seiner Nachbarn in Grundzügen*, Göttingen 1986, S. 329–358
45 F. G. Maier (Hg.), *Byzanz*, Frankfurt am Main 1973, S. 90–107
46 H. Belting, *Bild und Kult*, München 1991, S. 512
47 S. Runciman, *Häresie und Christentum – Der mittelalterliche Manichäismus*, München 1988, S. 57
48 H. Donner, a. a. O., S. 345f.; R. Albertz, *Religionsgeschichte Israels in alttestamentlicher Zeit*, Göttingen 1992, S. 304f.; F. Crüsemann, *Die Tora*, München 1992, S. 247f.
49 Crüsemann, a. a. O., S. 317/18
50 O. Keel, C. Uehlinger *Göttinnen, Götter und Gottessymbole*, Breisgau 1992, S. 408–412
51 J. Goody, S. 100f.
52 H. Donner, a. a. O., S. 339f.; R. Albertz, a. a. O., S. 309f.; F. Crüsemann, a. a. O., S. 311f.
53 E. J. Vol. 8. p. 1063
54 M. Clauß, *Geschichte Israels*, München 1986, S. 141
55 Zum historischen Vorkommen der Bilder im alten Israel; O. Keel/C. Uehlinger, a. a. O.
Auf der Basis archäologischer Erhebungen vertritt G. Heinsohn schon

seit längerem die These, daß die Quelle des Antisemitismus der Haß der Götzendiener gegen den auf Menschenopfer verzichtenden Gott Israels ist, den die in Babylon verbannte, astronomisch aufgeklärte judäische Oberschicht postulierte. Vgl. z. B. G. Heinsohn, »Monotheismus und Antisemitismus – auf immer unerklärbar«, in: R. Erb / M. Schmidt (Hg.), *Antisemitismus und jüdische Geschichte*, Berlin 1987, S. 409–447

56 M. Buber / F. Rosenzweig, *Die Schrift*, Bd. 1, *Die fünf Bücher der Weisung*, Heidelberg 1987, S. 248/49

57 O. Eissfeldt, *Hexateuch Synopse*, Berlin 1922, S. 159 und neuerdings: R. E. Friedman, *Wer schrieb die Bibel?*, Darmstadt 1987, S. 57f.

58 Vgl. H. Bloom, *The Book of J*, New York 1990

59 R. T. Beckwith, »Formation of the Hebrew Bible«, in: M. J. Mulder, (Ed.) S. 37–86

60 R. E.Friedman, S. 100, aber auch: H. Bloom, S. 3–55

61 H. Donner, a. a. O., S. 241–43; R. E. Friedman, a. a. O., S. 81–86, vgl. dazu J. Calvin, *Institutio Christianae Religionis*, übersetzt und überarbeitet von Otto Weber, Neukirchen 1955, S. 46

62 R. E. Friedman, a. a. O., S. 88

63 Zuletzt R. Albertz, a. a. O., S. 280f.

64 »Die Weisheit Salomos«, 14,7–14, in: E. Kautzsch (Hg.), *Die Apokryphen und Pseudoepigraphen des Alten Testaments*, Darmstadt 1975, S. 499; Philo, *The Decalogue*, Cambridge 1937, VII, S. 39–41

65 Sabbath 149a

66 Platon, *Phaidros*, Platon, Werke, Bd. 5, S. 183 275d–276a

67 *Phaidros* 276b; J. Ebach hat dem Verhältnis biblischen Eingedenkens und platonischer Schrift- und Erinnerungskritik eine bemerkenswerte Studie gewidmet: ders., »Die Schrift in Hiob«, 19,23, in: R. Liwak / S. Wagner (Hg.), *Prophetie und geschichtliche Wirklichkeit im alten Israel*, Stuttgart 1991, S. 99–121. Hier: 276b

68 Platon 341a, *Werke* Bd. 5, Darmstadt 1990, S. 413

69 a.a.O., S. 415

70 Platon, *Philebos* 39b, in: *Werke* Bd. 7, Darmstadt 1990, S. 349

71 a.a.O.

72 H. A. Wolfson, *Philo*, Cambridge 1947, S. 200f.

73 H. D. Döpmann, *Die Ostkirchen vom Bilderstreit bis zur Kirchenspaltung von 1054*, Zwickau 1990, S. 32–37

74 M. Simon, *Verus Israel*, Oxford 1986, S. 17–23

75 H. D. Döpmann, a. a. O., S. 39

76 H. Belting, a. a. O., S. 117–163

77 H. Döpmann, S. 40

78 F. G. Maier, a. a. O., S. 93

79 Vgl. dazu auch Döpmann, S. 41 f.; Belting, S. 166f.

80 Döpmann, S. 45

81 Döpmann, S. 51

82 a. a.O., S. 53

83 Döpmann, S. 62

84 F. G. Maier, a. a. O., S. 138

85 H. Belting, a. a. O., S. 174

86 D. J. Sahas, *Icon and logos, Sources in Eighth Century Iconoclasm*, Toronto 1986, S. 83/84
87 a.a.O., S. 84
88 J. Calvin, S. 45
89 Belting, S. 517
90 P. Jezler u. a., »Warum ein Bilderstreit? Der Kampf gegen die ›Götzen‹«, in: H. D. Altendorf/P. Jezler (Hg.), *Bilderstreit – Kulturwandel in Zwinglis Reformation*, Zürich 1984, S. 91
91 H. Bredenkamp, *Kunst als Medium sozialer Konflikte*, Frankfurt am Main 1975
92 Belting, S. 610
93 F. Rosenzweig, *Der Stern der Erlösung*, Frankfurt am Main 1922, S. 520
94 1449a 32–37
95 Vgl. L. Golden, »Aristotle on the pleasure of Comedy«, in: A. Oksenberg-Rorty (Hg.), *Aristotles Poetics*, Princeton 1992, S. 379–386
96 G. Devereux, *Baubo. Die mythische Vulva*, Frankfurt am Main 1981, S. 46f.
97 Raschi, *Kommentar zum Pentateuch*, Basel 1975, S. 55
98 Vgl. H. Plessner, »Lachen und Weinen« sowie »Das Lächeln«, in: ders., *Philosophische Anthropologie*, Frankfurt am Main 1970
99 Zum Anthropomorphismus der biblischen Gottesidee, vgl. M. Wyschogrod, *Judaism as a body of faith*, New York 1983
100 Zur Kritik an der Emotionalität des alttestamentlichen Gottes vgl. C. G. Jung, »Antwort an Hiob«, in: ders., *Grundwerk* 4, Olten 1984, S. 201f.; zur Kritik an Jung u. a., M. Brumlik, *Die Gnostiker*, Frankfurt am Main 1992, S. 285f.
101 E. Jüngel, *Gott als Geheimnis der Welt*, Tübingen 1978
102 5. Mose, 30,12
103 2. Mose 23,2, wo es im ganzen heißt: »Du sollst dich nicht der Mehrheit anschließen zum Bösen und bei einem Rechtsstreit nicht so aussagen, daß du dich nach der Mehrheit ausrichtest und das Recht beugst.«
104 Vgl. Artikel »Elijah«, in: *Encyclopedia Judaica*, Bd. 6, Jerusalem, S. 638
105 H. Plessner, S. 186
106 Bawa Mecija, 59b
107 Nach G. Scholem, »Der Name Gottes und die Sprachtheorie der Kabbala«, in: ders., *Judaica* 3, Frankfurt am Main 1973, S. 58/59
108 M. Idel, *L'experience mystique d'Abraham Aboulafia*, Paris 1989, S. 56
109 a.a.O., S. 40
110 Y. Yovel, *Spinoza and Other Heretics*, 2 Bde., Princeton 1989
111 Th. de Vries, *Spinoza*, Reinbek 1981, S. 27
112 Vgl. H. J. Kraus, *Geschichte der historisch-kritischen Erforschung des Alten Testaments*, Neukirchen 1982, S. 61–65
113 Baruch de Spinoza, *Theologisch-politischer Traktat*, Hamburg 1984, S. 220
114 Zu Spinozas Jesusbild bisher A. Matheron, *Le Christ et le salut des ignorants*, Paris 1971, sowie zum ganzen Komplex: A. Samely, *Spinozas Theorie der Religion*, Würzburg 1992
115 Baruch de Spinoza, S. 21
116 a.a.O., S. 47
117 a.a.O., S. 73/74

118 a. a. O., S. 120
119 A. Wasserstein, »Die Hellenisierung des Frühjudentums. Die Rabbinen und die griechische Philosophie«, in: W. Schluchter (Hg.), *Max Webers Sicht des antiken Christentums*, Frankfurt am Main 1985, S. 281–316, sowie L. H. Feldman, a. a. O., S. 31 f.
120 D. Flusser; G. Theißen, »Wanderradikalismus«, in: ders. (Hg.), *Studien zur Soziologie des Urchristentums*, Tübingen 1983, S. 79–105; E. Bickermann, *The jews in the greek age*, London 1988, S. 235–305. J. D. Crossan, *The historical Jesus – The life of a mediterranean jewish peasant*, San Francisco 1991; B. L. Mack, *The lost Gospel*, San Francisco 1993
121 D. Krochmalnik kommt in seiner Untersuchung *Praktische Philosophie als Religionsersatz*, München 1988, in bezug auf Spinozas antijudaistische Argumentationen zu einer anderen Wertung.
122 Spinoza a. a. O., S. 22
123 a. a. O., S. 21
124 a. a. O., S. 217
125 ebd.
126 a. a. O., S. 218
127 Baruch de Spinoza, *Abhandlung über die Verbesserung des Verstandes; Abhandlung vom Staate*, Hamburg 1977, S. 9/10
128 *Theologisch-politischer Traktat,* S. 21
129 Baruch de Spinoza, *Ethik*, Leipzig 1919, S. 45
130 a. a. O., S. 231
131 Ethik, a. a. O., S. 230
132 K. H. Ohlig (Hg.), *Christologie* I, Graz 1989, S. 47
133 Baruch de Spinoza, *Kurze Abhandlung von Gott, dem Menschen und dessen Glück*, Hamburg 1991, S. 52
134 K. H. Ohlig (Hg.), S. 44
135 M. Idel, S. 207
136 Baruch de Spinoza, *Briefwechsel*, Hamburg 1986, S. 72/73
137 Bonaventura, *Vom Wissen Christi*, Hamburg 1992
138 H. H. Ohlig (Hg.), *Christologie II, Graz 1989, S. 76*
139 R. Williamson, *Jews in the hellenistic World*, Cambridge 1989, S. 103 f.
140 M. Idel, S. 207
141 Baruch de Spinoza, *Briefwechsel*, S. 277
142 H. Timm, »Amor dei intellectualis – Die teleologische Systemidee des romantischen Spinozismus«, in: *neue hefte für philosophie*, 12, Göttingen 1977, S. 64–91
143 Y. Yovel, *Spinoza and Other Heretics*, 2 Bde., Princeton 1989, S. 40 f.
144 G. W. F. Hegel, *Enzyklopädie der philosophischen Wissenschaften I*, Frankfurt am Main 1970, S. 296
145 G. W. F. Hegel, *Phänomenologie des Geistes*, Frankfurt am Main 1970, S. 23
146 O. Pöggeler, »Hegels philosophische Anfänge«, in: C. Jamme/H. Schneider (Hg.), *Der Weg zum System*, Frankfurt am Main 1990, S. 68–111
147 Gegen diese Konjektur läßt sich einwenden, daß die *Kurze Abhandlung* erst 1862 in einer unzureichenden Form publiziert wurde, Hegel sie also in der uns heute vorliegenden Gestalt nicht kennen konnte. Immerhin schien in

interessierten Kreisen in Deutschland seit 1704 so etwas wie eine mündliche Überlieferung in bezug auf dieses Manuskript zu existieren. Vgl. *Kurze Abhandlung*, Hamburg, 1991, S. XIf.

148 G. W. F. Hegel, *Vorlesungen über die Philosophie der Religion, II*, Frankfurt am Main 1970, S. 249

149 Carl Schmitt, *Leviathan*, S. 86f. Köln 1982

150 Baruch de Spinoza, *Theologisch-politischer Traktat*, Hamburg 1984, S. 211

151 E. Levinas, *Die Spur des Anderen*, Freiburg / München 1983, S. 235

152 J. Derrida, *Die Schrift und die Differenz*, S. 349

153 I. Kant, *Grundlegung zur Metaphysik der Sitten*, in: Kant, *Werke*, Bd. 6, Darmstadt 1968, S. 51

154 a. a.O., S. 28

155 a. a.O., S. 59

156 a. a.O., S. 61

157 a. a.O., S. 74

158 H. Bolkestein, *Wohltätigkeit und Armenpflege im vorchristlichen Altertum*, Groningen 1967

159 G. Theißen, »Judentum und Christentum bei Paulus«, in: M. Hengel / U. Heckel (Hg.), *Paulus und das antike Judentum*, Tübingen 1991, S. 332

160 J. Habermas, »Vom pragmatischen, ethischen und moralischen Gebrauch der Vernunft«, in: ders., *Erläuterungen zur Diskursethik*, Frankfurt am Main 1991, S. 143. P. F. Strawson, *Freedom and resentment*, London 1976, S. 1–25

161 Habermas, S. 148

162 W. N. Krewani, *Emmanuel Levinas. Denker des Anderen*, Freiburg / München 1992

163 E. Levinas, *Jenseits des Seins oder anders als Sein geschieht*, Freiburg 1992, S. 195

164 Vgl. E. Kettering, *Nähe – Das Denken Martin Heideggers*, Pfullingen 1987

165 a. a.O., S. 201

166 R. Rosenzweig, *Solidarität mit den Leidenden im Judentum*, Berlin 1978, S. 104

167 P. Ekman, »The argument and evidence about universals in facial expressions of emotion«, in: H. Wagner / A. Manstead (Hg.), *Handbook of Social Psychophysiology*, London 1989

168 A. Schopenhauer, »Preisschrift über die Grundlage der Moral«, in: ders., *Kleinere Schriften II*, Zürich 1977, S. 147f.

169 Zuletzt Ernst Tugendhat in seinen *Vorlesungen über Ethik*, Frankfurt am Main 1993, S. 117f. Immerhin ist auffällig, daß auch Tugendhat den moralisch relevanten Tatbestand der Demütigung im Kontext der jüdisch-christlichen Tradition benennt: »die Schändung des menschlichen Antlitzes«, S. 305

170 W. K. Frankena, »The naturalistic fallacy«, in: P. Foot (Hg.), *Theories of Ethics*, Oxford 1964, S. 50–63

171 E. Holenstein, *Von der Hintergehbarkeit der Sprache*, Frankfurt am Main 1980

172 J. R. Searle, *The rediscovery of the mind*, Cambridge 1992

173 E. Holenstein, S. 71f.

174 W. N. Krewani, S. 155

175 E. Rosenstock, S. 141

176 a. a.O., S. 143

177 a. a. O., S. 147
178 J. Habermas, a. a. O., S. 113f.
179 a. a. O., S. 98
180 G. H. Mead, *Mind, self and society*, Chicago 1969, S. 82f.
181 E. Levinas, *Jenseits des Seins*, S. 205
182 E. Levinas, *Die Spur des Anderen*, Freiburg / München 1983, S. 203
183 E. Levinas, *Die Spur des Anderen*, S. 235
184 F. v. Kutschera, *Vernunft und Glaube*, Berlin 1991, S. 224f.
185 E. Levinas, *Die Spur des Anderen*, S. 116/17
186 E. Levinas, *Jenseits des Seins*, S. 325
187 J. Derrida, a. a. O. S. 117

ZEITSCHRIFTEN

Die neue Taschenbuch - Reihe

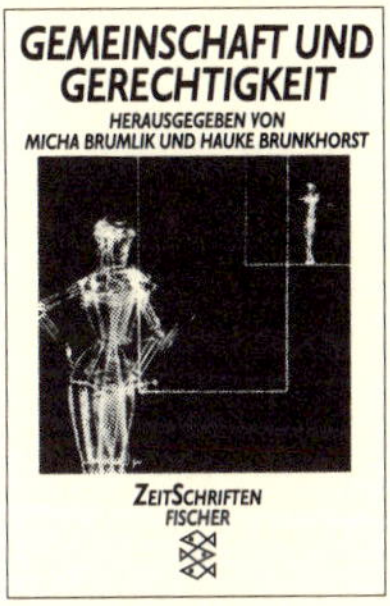

Farideh Akashe-Böhme
Frausein - Fremdsein
Band 11732

Sadik J. Al-Azm
Unbehagen in der Moderne
Aufklärung im Islam
Band 11578

Zygmunt Bauman
Tod, Unsterblichkeit und andere Lebensstrategien
Band 12326

Seyla Benhabib/ Judith Butler/ Drucilla Cornell/ Nancy Fraser
Der Streit um Differenz
Feminismus und Postmoderne in der Gegenwart
Band 11810

Herausgegeben von Jessica Benjamin
Unbestimmte Grenzen
Beiträge zur Psychoanalyse der Geschlechter
Band 11954

G. Brandstetter
Tanz-Lektüren
Körperbilder und Raumfiguren der Avantgarde
Band 12396

Micha Brumlik
Schrift, Wort und Ikone
Wege aus dem Verbot der Bilder
Band 12257

Herausgegeben von Micha Brumlik/ Hauke Brunkhorst
Gemeinschaft und Gerechtigkeit
Band 11724

Fischer Taschenbuch Verlag

fi 1401 / 7 a

Philosophie der Gegenwart
Herausgegeben von Patrizia Nanz

Aleida Assmann (Hg.)
Texte und Lektüren
Perspektiven der Literaturwissenschaft
Band 12375

Axel Honneth (Hg.)
Pathologien des Sozialen
Die Aufgaben der Sozialphilosophie
Band 12247

Andreas Kuhlmann (Hg.)
Philosophische Ansichten der Kultur der Moderne
Band 12167

Claus Offe (Hg.)
Herrschaft des Volkes
Begründungsprobleme moderner Demokratien
Band 12166
(Frühjahr 1995)

Ulrich K. Preuß (Hg.)
Zum Begriff der Verfassung
Die Ordnung des Politischen
Band 12246

Fischer Taschenbuch Verlag

fi 557 / 4